孔門十弟子

傅佩榮 著

司馬遷說：

「孔子以詩書禮樂教，弟子蓋三千焉，深通六藝者，七十有二人。」

《論語・先進篇》中：

孔子曾將十位弟子按特長歸為德行、言語、政事、文學四科：

德行：顏淵、閔子騫、冉伯牛、仲弓。

言語：宰我、子貢。

政事：冉有、季路。

文學：子游、子夏。

本書於介紹仲弓時，一併談及閔子騫與冉伯牛。

另外補上曾參與子張，故仍為十弟子。

序

傅佩榮

想到孔子，我們最熟悉的畫面是他周游列國時，後面總有一群學生追隨。我們所念的《論語》中，孔子的每一句話都是學生們記錄下來的。其中許多資料是對特定學生提問的回答。感謝這些孔門弟子，由於他們勤學好問，我們才有機會得知孔子的思想。

孔子的學說「一以貫之」，由一個中心思想建構起整個儒家體系。連顏淵這樣的高材生都難免感嘆「仰之彌高，鑽之彌堅」，何況是我們隔了兩千五百多年之後的現代人呢？孔子親自教誨的弟子為數眾多，時日又久，但是他依然感慨「莫我知也夫」，總覺得無人了解他的心意，又何況是我們這些平凡的後生晚輩呢？因此，學習孔子，有如步上漫漫長途，要耗盡一生的心血與體驗才能結成善果。

最有效的學習方法不是別的，就是向孔門弟子請教，因為這些弟子性格各自不同，資質有高有低，體悟有深有淺，志向有遠有近，實踐有成有敗。他們提供的學習光譜，讓我們可以找到自己的定位，期勉自己藉由他們向孔子請益。我們在人生的不同階段，會欣賞不同的孔門弟子。年輕時喜歡子路的豪氣與率真，求學時羡慕聰明的子夏與子游，與人交往時又希望具備宰我與子貢的伶俐口才。就業之後，冉雍與冉有的從政經歷可供參考。然後，曾參不斷進步，子張勇於提問。至於首席弟子顏淵，更是我們終身的典範。

孔子身為老師，對學生因材施教，收弟子有教無類，因此不會拒絕我們任何一人的請益。那麼，我們何不隨著孔子十大弟子的學習方式，亦步亦趨，修練自己的身心呢？以戰國時代中期的孟子為例，他的願望是親炙孔子，但年代太晚而只好私淑之，結果成效斐然，可以承先啟後，繼志述事，踵事增華，成為後人推崇的亞聖。孟子書中多次引述孔門弟子的言行，在某種程度上，也可以說是經由這些弟子而領悟孔子的核心思想。

我於二〇〇七年應山東衛視之邀，為「新杏壇」欄目主講「向孔門十大弟子借智慧」，所介紹的即是前述十弟子。所學者分別是：顏淵的快樂，子路的率真，子夏的教書，曾參的勤奮，冉有的做官，冉雍的德行，子貢的說話，子游的胸襟，宰我的辯論，以及子張的立志。其他弟子見諸《論語》者，也都分別在各講中述及而少有遺漏。

我近年推廣儒家思想，與大家共勉「以孔子為師，與孔子為友」。這本小書是專由孔門弟子的角度著手進行深入學習，希望有助於我們對《論語》與孔子能有更完整的認識。

目次

向顏淵學習快樂

子曰：「賢哉，回也！一簞食，一瓢飲，在陋巷，人不堪其憂，回也不改其樂。賢哉，回也！」

——《論語・雍也篇》

顏淵，也叫顏回，逝於魯哀公十四年，孔子七十一歲時。他比孔子小三十歲，得年四十一歲。在孔門弟子中，他並不是年紀最小的，也不是最大的，但是他在德行方面是最好的，並且講到好學，他又是唯一的。關於顏淵，很多人都擔心他的貧困。記得十幾年前我在荷蘭教書的時候，當地的華人請我演講。演講的時候我提到了顏淵，立刻有人抗議，為什麼？因為他們當中百分之八十的人經營餐飲業。他們說，顏淵那麼窮，你讓我們也窮嗎？我說，顏淵不是窮，而是快樂。

人活在世界上都希望獲得快樂，但是快樂有很多層次。有些人以為吃飽喝足就快樂，有些人以為能夠孝順父母、關愛同學和朋友就快樂，也有些人以為替別人服務就快樂。自古至今，不管什麼地方，對於快樂都有不同的理解。那麼如何設定快樂，使每一個人都可能獲得快樂？我們且以顏淵為例。

好學的顏淵

開始的時候，孔子對顏淵這個學生的印象並不是特別好。《論語．為政篇》載：子曰：「吾與回言終日，不違，如愚。退而省其私，亦足以發，回也不愚。」（意思是：孔子說：「我整天與回談話，他都沒有任何質疑，好像是個愚笨的人。離開教室以後，留意他私下的言語行為，卻也能夠發揮不少心得。回並不愚笨啊！」）也就是說，孔子曾經與顏淵講談一整天，他完全沒有反對的意見，不能提出不同的看法來進一步討論。如果一個學生老是沒有問題，老師就不知道該怎麼教。但是下課的時候看他的表現，發現他可以融會貫通，並且付諸實踐。

顏淵為什麼對孔子的話沒有意見？因為顏淵特別聰明而不是特別笨，特別聰明的人知道，孔子說的每一句話都是有把握才說出來的，孔子「四十而不惑」，人生沒有任何問題可以難倒他。所以作為一個學生，顏淵對老師說的話也不會有異議。孔子甚至說，顏淵對他沒有任何幫助，因為他說的話顏淵都很高興地接受。但是顏淵從來沒有停止過學習，因此，孔子只看到他進步，沒有看到他停滯不前。作為一個年輕人，最重要的是每天都在學習，每天都有成長。正所謂「後生可畏」，年輕人每天都在上進，你怎麼知道他的表現不會超過我們這些先輩呢？孔子對於學生的期許，在顏淵身上充分驗證了。

顏淵非常好學，他的聰明程度如何？從孔子與其口才特別好的弟子子貢的對話就可以看出來。孔子有一次問子貢，你與顏淵，誰比較傑出？這個問題誰都知道是一個陷阱，子貢不能回答說「我比顏淵聰明」或者「顏淵不如我聰明」。子貢也是很聰明的，他說，我怎麼能跟顏淵比呢？顏淵「聞一知十」，我「聞一知二」。這就說明顏淵聰明過人，他能夠聽到一句話就想通所有的道理，沒有遺漏的。可見，這樣的學生是不可多得之才。另外，我們從孔子晚年的一件事來看。孔子晚年回到魯國，他的兒子過世了，接著顏淵也過世了。魯哀公問孔子，你有幾個好學的學生？孔子說，好學的只有一個，就是顏淵。「三千弟子，精通六藝者七十二人」，但只有一個好學的，就是顏淵。

顏淵的好學表現在於六個字：「不遷怒，不貳過」。也就是說，不把自己的憤怒轉移到別人身上，一種過失一旦了解之後就不再重犯。顏淵的好學表現在什麼地方？譬如，他對張三發脾氣，他不會轉到李四的身上，這就是不遷怒。平常我們對某人發脾氣的時候，要是遇上另外一個人，那麼那個人就倒楣了，成了「出氣筒」。這就是「遷怒」。像我當老師，就有這種經驗。我早上到學校來，在路上跟人家吵架，到了教室先把學生罵一頓，消消氣，學生當然受不了，說這個老師怎麼搞的，我們又沒惹你，怎麼老是拿我們來出氣呢？說來慚愧，我教書三十年了，才能做到「不遷怒」。這是一方面。

另一方面，一種過失一旦了解之後就不再重犯了。這一點我們更難做到。通常我們犯了過錯之後，往往會後悔，但是有什麼用呢？以後再重犯，然後繼續後悔。人的過失來自性格，性格沒有改變，就會繼續犯同樣的過失，如此一來，人生就在不斷的過失中浪費了。顏淵可以做到「不遷怒、不貳過」，而做到這一點就必須從不斷的學習中修養形成，這也說明他的好學與其生命結合起來，改善了他的一生。

人生的快樂在於化被動為主動

一個人要過得快樂，一定要由被動變成主動。從小開始，我們的生活都是被動的，父母叫我們去讀書，老師叫我們去做好事，老闆叫我們工作，都是「別人叫我們」。萬一長輩或者父母不在身邊，可就不一定做了，好像能夠自由了。不是只有年輕人如此，這是人類共同的問題。

美國曾有人做過問卷調查：如果能夠隱形的話，你要做什麼？隱形就是不見了，沒有人看得到我，這時就自由了。接受訪問的民眾也很誠實，其中百分之八十的人都說要搶銀行。這說明什麼？平常不敢搶劫，是因為有外在的壓力，譬如銀行的安保系統。可見，我們平常的守規矩是被動的：有人看著，就守規矩。這樣的人生很可惜，因為人生是不堪浪費的。

孔子特別欣賞顏淵，《論語》中有一段話特別重要，是關於顏淵請教什麼是「仁」。孔子是偉大的哲學家、教育家，他最好的學生是顏淵，當顏淵請教什麼是「仁」（孔子的核心思想），孔子的回答必定是驚天動地的，讓每個人聽到都覺得確實有道理。《論語．顏淵篇》（下文引用之《論語》文字，只述篇名，不再述及書名）記載：顏淵問仁。子曰：「克己復禮為仁。一日克己復禮，天下歸仁焉。為仁由己，而由人乎哉？」兩千多年以來，對於「克己復禮」，大多數人把它分成兩個部分——「克己」和「復禮」——來解釋。「克己」就是約束自己的欲望。譬如我孝順父母，我約束我自己，我要每日向父母問安。很明顯，這種解釋是錯誤的。所以我們不要盲目崇拜古人，要直接回到孔子與學生的互動中來理解。

顏淵比孔子小三十歲，也是魯國人，父親叫顏路，比孔子小六歲，也是孔子的學生。孔子的弟子中，顏淵是最沒有欲望的學生，如果把「克己」翻譯為克制自己的欲望，這對顏淵不公平。〈雍也篇〉記載：子曰：「賢哉，回也！一簞食，一瓢飲，在陋巷，人不堪其憂，回也不改其樂。賢哉，回也！」孔子說：「回的德行真好啊！一竹筐飯，一瓜瓢水，住在破舊的巷子裡，別人都受不了這種生活的憂愁，他卻不改變自己原有的快樂。回的德行真好啊！」可見，顏淵是最沒有欲望的。另外，在《莊子．人間世》中寫到顏淵想去衛國幫忙，孔子說他修行不夠。顏淵說，我已經很努力了，你還認為我有什麼不夠嗎？孔子對顏淵說，你要守齋。顏淵說，我已經三個月沒吃肉、喝酒了，您讓我怎麼守？孔子就對他說，我讓你守的「齋」是心齋。從這一段故事可以知道，顏淵是沒有什麼欲望的。所以「克」絕對不能解釋為「克制、約束」。「克」在古代還有一個意思，即「能夠」。譬如《大學》中記載：〈康誥〉曰：「克明德。」〈帝典〉曰：「克明峻德。」「克」是「能夠」的意思。

如果把「克」理解為「能夠」，「克己復禮」即為：「能夠自己做主，去實踐禮的規範。」「仁」可以翻譯成「人生的正路」。人生的正路在哪裡？正如孔子所回答的：能夠自己做主，去實踐禮的規範，就是人生的正路。只要你在任何時候這麼做，天下人都會說，你是走在人生的正路上。走在人生的正路上是要靠自己的，難道要靠別人嗎？這就是最後一句話（「為仁由己，而由人乎哉」）的意思，和前面聯繫起來完全配合。可見，「顏淵問仁」，顏淵是孔子最得意的弟子，而「仁」

是孔子思想的核心觀念，他的答案肯定是一輩子教學和做人處事最重要的心得。也就是「克己復禮」，化被動為主動。

一個人要快樂，就要從這裡著手。譬如說「我今天應該上課」，「應該」代表被動，如果我說「我今天願意上課」，「願意」就是主動。拿我自己來說，教書三十年了，不請假、不缺課，就因為學到這句話，我把「應該」變成「願意」。「應該」變成「願意」之後，生命力自然就出來了，我不會覺得累，反而覺得很開心。一個人能夠把這一點做到的話，整個儒家的思想就把握住了。因為儒家思想的關鍵在於內心要真誠。而人是所有動物裡面，唯一可能不真誠的。人可以偽裝，可以扮演各種角色。但如果你真誠，就會發現你跟別人之間的關係都有一種適當與否的考慮。譬如我坐在車上，一位老太太上來，要不要讓座呢？如果不真誠的話，我不用讓座，憑什麼要我讓座呢？說不定有人比我更健康，比我更年輕，更適合讓座。這就是計較，即不真誠。如果真誠，看到老太太上來，我覺得她的年紀和我的祖母一樣，我馬上讓座，這就變成是真誠引發內在的力量，讓我自己起來讓座，我不在乎任何情況，我只要求我內在有力量，讓自己去做應該做的事。力量由內而發，去做自己認為該做的事，快樂當然也由內而發。人生的快樂就在這裡——快樂由內而發。此時的你是不是窮困已經不重要，因為窮困只是生活上一種特定的情況。譬如，你窮困的時候就要問：「是不是要繼續活下去？」繼續活著，快樂就自然而然有了保障。

所以孔子看到顏淵的表現，就忍不住稱讚他，以至於說了兩次「賢哉，回也」。吃一竹筐飯，喝一點白開水，住在破舊的房子裡面，我們光憑想像都覺得很煩惱，接下來的人生怎麼辦呢？外面下大雨，裡面下小雨，日子怎麼過呢？孔子說「顏回真是傑出」，是不是顏淵的觀念有問題？被孔子教笨了，不去計較生活了？不是的，因為他內心有快樂的來源，所以他能夠做到。其實每一個人都能夠做到，只是在觀念上要先覺悟而已。

人生所追求的快樂層次：無私無欲

一個人一生要追求些什麼？我認為必須分辨三點：必要、需要和重要。「必要」就是非有它不可，有它還不夠。像生活條件是必要的，非吃飯不可，但是光吃飯不夠。一個人只要有一點點生活的條件，可以過得下去就可以了，這是必要的方面。

人生的需要是什麼呢？人生的需要是能夠發展潛能，即心智上的潛能，包括三個方面：知、情、意。「知」就是求知。古人讀書，書（竹簡）不多，五本就夠了，即《詩》、《書》、《禮》、《樂》、《易》。《詩》代表文學，《書》代表歷史，《禮》代表社會規範，《樂》代表藝術修養，《易》代表哲學。當時，如果把這五本書都讀好的話，就是全方位的學習。所以，「知」的重要性是幫助我們這一生過得充實又快樂。顏淵很喜歡讀書，他把這些學好之後，他的「知」不斷地成長，學習也不斷地進步。

「情」就是情感。人的情感要調節，意即「情緒智商」。我們如果處在窮困的境況中，怎麼才能快樂呢？調節情緒。情緒調節有很多方法，譬如欣賞音樂或通過休閒生活接觸大自然等，在這一享受休閒生活的過程中，你就會感覺到人我之間微妙而又美好的互動關係，可以慢慢提升自己的生活品質。因為一般人的情緒都是利己的，人與人互動很自然都希望對自己有利。如果你培養好的情緒智商，就會慢慢想到對自己有利，對別人也有利。大家都有利，不是更好嗎？就像《易經》中的「損卦」。很多人聽到「損」字，就覺得是損失。但是《易經》六十四卦中，只有兩卦卦辭是上上大吉，其中一個就是「損卦」，為什麼呢？就是「損己利人」這四個字，與我們平常想的「損人利己」倒過來。一般人如果做事損人利己，肯定人緣不好，大家都討厭。如果是損己利人，做任何事都考慮到別人的要求，自己吃虧無所謂，這樣的人誰不喜歡？而顏淵能夠在情感上做到這一步，從他的志向我們看得出來，即〈公治長篇〉所載：孔子問子路和顏淵的志向，顏淵回答「無伐善，無施勞」，即不誇耀自己的優點，不把勞苦的事推給別人。如此一來，當然沒有私心。然而，「沒有私心」聽起來很容易，要做到卻是很大的挑戰。

讀過《論語》的人都知道，孔子很喜歡講君子。說實在的，我以前讀《論語》，常常覺得自卑，打開《論語》一看，裡面好像只有兩種人：君子和小人。仔細看孔子的描寫，發現自己就是小人。因為君子所了解和考慮的是道義，小人則專注於利益。想想看，我們從小一路走來，真的很像小人，沒什麼長進。是不是這樣呢？也不盡然。君子跟小人的區別在於「小人」就是小孩子，身體長大了，但是心態還是小孩的階段，只顧自己，只替自己著想，所以小人就是沒有立志的人。君子就是立志的人。所以孔子所說的君子就是立志者，有志向，讓自己每天提升、改善的人。所以我們在讀《論語》的時候，要把「君子」看成正在進行的狀態，君子就是立志成為君子的人，而不是已經做到的君子，真要做到君子的境界很難，沒多少人能做到。

為什麼講顏淵要提到君子呢？因為顏淵的志向是「無私」，沒有私心，正好是君子的特色。首先，「君子和而不同，小人同而不和」。君子與別人交往，不要求一致，但力求和諧。小人則是倒過來，一定得聽我的，只能與我相同。其次，「君子周而不比，小人比而不周」。君子普遍愛護每一個人，小人則只照顧幾個同黨。所以君子是沒有私心的。然後，「君子泰而不驕，小人驕而不泰」。「泰」就是舒泰，「驕」就是驕傲，一個人以自我為中心，喜歡和別人比較，自然就會驕傲。相反的，不以自我為中心，對每一個人都可以坦然相處，自然就很舒泰。所以「君子泰而不驕，小人驕而不泰」。最後，「君子坦蕩蕩，小人長戚戚」。君子為什麼坦蕩蕩？是因為他無私，沒有私心。小人為什麼一天到晚愁眉苦臉？因為常常和別人比較、競爭。

孔子所說的君子誰做得到？顏淵可以，並且他一直努力在做。顏淵為什麼會快樂？因為他心胸坦蕩、泰而不驕、和而不同、周而不比，這樣的人到任何地方去，都會受到別人的歡迎，同時他也會覺得非常快樂。由此可見，顏淵的情緒智商很高。

「意」就是意志。何謂意志呢？當你做一個選擇的時候，請問你是被動還是主動？通常我們做選擇都會有幾分被動，幾分主動，而被動成分居多，所以要慢慢修練。如何修練？慢慢增加主動的成分。本來是我不太願意做的，被要求做，慢慢變成是「我覺得我也能夠做」，到最後變成「我願意做」。所以我們平常要練習把自己的責任都當做是自己願意做的，心情就不同了。上班的時候很開心，工作的時候很認真，學習的時候也很快樂。如此一來，作為部屬，上司對你很滿意；作為學生，老師對你也很滿意。

快樂人生的秘訣無它，關鍵就在「化被動為主動」，古今中外都相同。不能做到這一步，什麼快樂都是假的。就算擁有高官厚祿、富貴榮華，照樣不會快樂，因為時間一久，就會發現內心的空虛依然如故。一個人如果很有錢，每天早上起來看到的都是錢，有什麼意思呢？有些人有錢之後，謙虛地說：窮得只剩下錢了。很多人都羨慕有錢，但是真的有錢之後，你就會發現重複而乏味。拚命吃喝玩樂，吃到最後身體也不好了。有錢能交到真心的朋友嗎？也很難說。我們常常說患難見真情，酒肉朋友則不一定是真心的。

安貧樂道

像顏淵如此窮困的人，為什麼快樂？就因為他把儒家思想的精華掌握住了，並加以實踐，自然樂在其中。孔子對他的評價極高，有一次孔子說，有人用我們，我們就好好工作；沒有人用我們，我們就隱居起來，只有我與顏淵做得到。他把顏淵抬高到與自己一樣的程度，真是不簡單。顏淵的境界為什麼與孔子一樣呢？因為他窮困的時候快樂，通達的時候也能快樂。快樂不在於窮困、通達，而在於「道」，即安貧樂道。「道」就是儒家的理想，讓一個人從真誠引發力量，由內而發，去做該做的事，快樂也由內而發。顏淵在當時的環境下，即使天下大亂，但那是天下的事情，他個人的快樂，自己仍然可以把握。這也是儒家思想最重要的傳承，在顏淵身上充分地表現出來。

如果說孔子如此稱讚顏淵，還可以理解，事實上孔子有時還認為自己不一定比得上顏淵。孔子問子貢：「你與顏回誰比較傑出？」

子貢嚇了一跳說：「我怎麼能與顏回相比呢？顏回聞一知十，我聞一知二。」孔子接著說：「你確實比不上顏回，我與你都比不上顏回。」原文在〈公冶長篇〉：子謂子貢曰：「女（汝）與回也孰愈？」對曰：「賜也何敢望回？回也聞一以知十，賜也聞一以知二。」子曰：「弗如也，吾與女弗如也。」

《莊子》有一段描述顏淵的修養，到達「坐忘」。道家很喜歡講忘記，譬如說，有人問你在學道家嗎？你說「我忘記了」，這代表你學得好；如果你說「我是在學道家」，那就表示你程度還不夠。「坐忘」，坐在那兒，忘了我是誰？所以顏淵的「坐忘」連孔子都十分驚訝。莊子筆下，多次把顏淵的修養提得比孔子還要高，他是有意的。因為孔子也說過顏淵聰明，況且古人云：「弟子不必不如師，師不必賢於弟子」，「聞道有先後，術業有專攻」。孔子作為老師，為什麼這麼偉大？學生為什麼對他心悅誠服？因為一個好的老師，一定要教出勝過自己的學生，他的學問才能夠發展，才能夠傳下去。孔子就是如此。

英年早逝

孔子在晚年的時候聽到顏淵過世，非常傷心。因為他本來希望顏淵可以傳他的道統。但顏淵身體不好，大概是營養不良。孔子周遊列國的時候，在匡地被人圍住，是因為魯國的大臣陽貨的關係，那一次很危險，差點出人命。當時顏淵沒有跟上孔子的車隊，第二天才趕到，看到顏淵，孔子很開心，說：「顏回，昨天沒看到你，我以為你死了。」顏淵說：「老師，您還活著，我怎麼敢死呢？」這種老師與學生的對話，真是情同父子。但是很可惜，顏淵並沒有遵守「諾言」，他還是比孔子早兩年過世了。所以顏淵過世的時候，孔子不知有多難過，他哭得非常傷心。在《論語》中用了一句話：子哭之慟。「慟」字代表非常傷心。其他的學生質疑孔子：「老師，您不是教我們喜怒哀樂都要適當嗎？您是不是哭得太傷心了？」孔子說：「我會嗎？我會哭得太傷心嗎？如果不為這樣的學生哭得傷心，要為誰哭得傷心呢？」

可見，顏淵的死對孔子打擊很大，後來學生們要厚葬顏淵。這麼好的一個同學，一定要好好埋葬。孔子就說了，顏回啊，你把我當做父親，我卻不能把你當做兒子。什麼意思？就是說，我沒有辦法按照你的身份給你準備葬禮。那時孔子已經七十一歲了，到了生命最後的階段，他也希望學生們遵守禮儀。不遵守禮儀的話，社會秩序怎麼維持呢？人際關係怎麼和諧呢？

在顏淵過世以後，孔子對顏淵的情感表現得特別明顯，以致孔子呼天搶地。〈先進篇〉中說：顏淵死。子曰：「噫！天喪予！天喪予！」事實上孔子的兒子比顏淵早一年過世，他都沒有那麼傷心，父子之間的情感是天性，但是像孔子這樣的老師，能夠教到顏淵這樣的學生，那是一種機緣。所以我們要特別重視這樣的機緣。人類的文化能夠發展，人類的社會能夠進步，就靠這種老師教學生，代代相傳，而不是靠父子相傳。父子相傳，只是傳給自己的孩子，不是傳給天下人。而真正的儒家的理想是要培養人才為天下人服務，老百姓才能夠蒙受福利。這就是儒家的理想，有入世的情懷，又有淑世的熱情。

知己傳世

對於顏淵的英年早逝，確實令後人引以為憾。後代也有了解顏淵的人，就是孟子。孔子過世一百多年，孟子出現了，孟子被稱作「亞聖」，不是沒有理由的。孔子過世後，其弟子分為八派，各走各的路，各吹各的號，到最後也沒有什麼特別的發展。一百多年後的戰國時代中期，孟子出現了。孟子怎麼說顏淵呢？有兩段話特別值得參考。

第一段話出自《孟子．滕文公上》：顏淵曰：「舜，何人也？予，何人也？有為者亦若是。」「有為者亦若是」，我們常常講這句話，有所作為的人就要跟舜學習。這句話在《論語》並未出現。顏淵為什麼偉大？他不但向孔子學習，還直接向舜學習：舜是什麼樣的人？我是什麼樣的人？有所作為的人應該和舜一樣。

第二段話孟子怎麼說呢？他居然把顏淵跟大禹相比。古代有兩位重要的人物，一個叫大禹，治理洪水，讓老百姓可以免於水患。第二位是后稷，教老百姓稼穡，種植五穀雜糧，讓老百姓有飯吃。《孟子．離婁下》孟子曰：「禹、稷、顏回同道。禹思天下有溺者，由己溺之也；稷思天下有饑者，由己饑之也。是以如是其急也。禹、稷、顏子，易地則皆然。」現在我們說的「人饑己饑」講的是后稷，「人溺己溺」講的就是大禹。在這裡孟子把顏淵與大禹、后稷持平看待：「易地則皆然」。說實在的，對顏淵的肯定太高了，換一個地方，換一個角色，做的事情都一樣。說明顏淵生在亂世，身體又不好，只活到四十歲，如果他生在古代，就會和大禹一樣治理洪水，和后稷一樣教老百姓種植五穀。如此推崇顏淵，可說罕見。因為顏淵一生表面上沒有任何成就，沒有做過官，也沒錢造橋鋪路，自己窮得要命，只是一個認真上進的學生，但是在後代的孟子眼中有這麼高的評價，為什麼？關鍵就在於他的快樂。

所以我們學習儒家，不能夠掌握住快樂，那就白學了。古今中外任何哲學，只要是好的哲學，你學了之後就會覺得快樂，充滿了生活的希望。但是我們也要區別對待，西方在古希臘時代，也有快樂主義，即每天吃飽喝足，快樂很單純，就是溫和地節制欲望。但是那種學說很淺顯，我們儒家的快樂就非常深刻，因為它跟人性結合在一起，由內在引發力量行善，由內在肯定自己的快樂。

結論：快樂在於自己

由上可見，孔子對於顏淵的肯定，是值得我們每一個人欣賞的。我們今天在隔了兩千多年之後，只要讀到顏淵相關的事蹟，也常常要想到他的快樂。窮困沒什麼要緊，只要由內而發的快樂常在。像現在的有錢人，有錢就一定快樂嗎？不一定。我並不是說有錢一定不快樂，有錢也可以快樂，「富而好禮」同樣可以快樂。有錢之後不要財大氣粗，為富不仁，要能夠遵守禮儀、法規，多做善事。一個人有錢，我們最羨慕的是什麼？他可以有更多的機會來行善，這是唯一值得我們羨慕的。一個人有錢，坐大車，住大房子，吃山珍海味，實際上不值得羨慕，因為那種外在的生活享受很容易重複而乏味。

我們也知道，人如果只注意到身體需求的滿足，很快就會產生彈性疲乏，感官的刺激隨即遞減。要真正快樂，需要別的條件。多年前，我看到一張報紙上關於比爾．蓋茨的新聞照，他抱著他三歲的女兒，旁邊寫著：當我抱著我的女兒的時候，才感到真正的快樂。我用比爾．蓋茨的照片來說明有錢是必要條件，但錢的多少是相對的，因為你再怎麼窮困，只要活得下去就夠了。接著是需要，需要是發展知、情、意，有一個孩子可以關懷，互相關懷，情感可以讓你快樂，但是還不夠，需要「知」，需要「意」的配合。再往上走就是「重要」，真正的重要是了解人生的意義和目的。人活在世界上，一定要知道為什麼活著。「意義」就是我活著是怎麼一回事，我要了解。「目的」是我活著是為了什麼，而不是我為什麼活。「為了什麼」和「為什麼」不一樣，「為了什麼」就是我現在這樣活著有什麼目的呢？我可以為一個目標而犧牲嗎？譬如「殺身成仁」、「捨生取義」，這種話聽起來很可怕，為什麼要這樣做？如果是我人生的目的，達成我這一生的目標，那就不虛此生。如果不是，我就不必犧牲生命。

所以學習儒家的思想，最後肯定要涉及到生命的必要、需要和重要，生命的「重要」層次就是儒家思想所說的，人活著是要從人性向善，到擇善固執，最後止於至善。善是什麼呢？善是我與別人之間適當關係的實現，從孝順開始，從關愛兄弟姐妹開始，再推到天下人。

一個人如果學會了儒家的思想，他的生命就有源有本，通過實踐推及他人，把個人的自我實現與整個社會的繁榮發展完全結合在一起。我不斷地增加我的能力，社會也慢慢地在改善。每一個人都這樣做的話，社會自然就和諧了。

所以我們今天介紹顏淵，重要的地方在於不管你是窮困還是通達，貧窮還是富裕，快樂是你自己要去負責的事情，畢竟每一個人都可以做到快樂。顏淵身上有太多值得我們學習的地方，但我們的焦點放在快樂上，因為快樂有各種層次，而顏淵的快樂是從好學到與德行的配合，到一路發展他的志向，能夠向「君子」這個目標前進，再進一步推到孔子認定與他並駕齊驅，然後是孟子對他極高的評價，這些都是我們在向顏淵學習時，所應該去了解的。

向子路學習率真

子曰：「道不行，乘桴浮於海。從我者，其由與？」子路聞之喜。子曰：「由也好勇過我，無所取材。」

——《論語．公冶長篇》

子路，魯國人，小孔子九歲。孔子的學生中，個性最鮮明、最勇於負責的就是子路。子路年輕的時候，外表看起來像是不良少年，好勇善鬥，喜歡跟別人決鬥、比武。這樣一個人，怎麼會成為孔子的學生呢？我們先從一個簡單的故事說起。

良禽擇木而棲

有一天孔子走在街頭，看到一個年輕人在街上閒逛，頭上插著公雞毛，身上披著野豬皮，腰間斜插一把劍，一副不良少年的打扮。當時孔子就主動上前和子路說話。《孔子家語》記載下了這段話：子路見孔子，子曰：「汝何好樂？」對曰：「好長劍。」孔子曰：「吾非此之問也，徒謂以子之所能，而加之以學問，豈可及乎。」子路曰：「學豈益哉也……南山有竹，不揉自直，斬而射之，達於犀革。以此言之，何學之有？」孔子曰：「括而羽之，鏃而礪之，其入不亦深乎？」子路再拜曰：「敬受教。」意思就是：孔子遇見了子路，孔子問：「你有什麼喜好？」子路回答說：「我喜歡長劍。」孔子說：「我不是問這方面。以你的天賦，再加上學習，應該能有好的才幹。」子路說：「學習能夠增長我們的能力嗎？南山有一種竹子，不需揉烤加工就很筆直，削尖後射出去，能穿透犀牛的厚皮，有些東西天賦異秉又何必經過學習的過程呢？」孔子說：「如果在箭尾安上羽毛，箭頭磨得銳利，箭不是能射得更深更遠嗎？」子路聽後拜謝說：「真是受益良多。」

子路很有自信，認為自己天生就是人才，跟南山的竹子一樣，不需要任何修飾，拿下來就可當箭，射穿犀牛皮。孔子的話一講，子路也聽懂了，馬上拜師。這個故事除了說明孔子善於引導學生主動學習外，也說明子路的個性很率真，知道自己的不足，馬上拜師深造。

個性殊異的子路

子路拜師之後，對孔子來說，有時候也挺煩惱的。因為孔子教學生，除了教書本知識外，還需要教音樂等藝文之類的。一上音樂課，子路的表現就很糟糕。他一彈瑟，孔子就皺眉頭。〈先進篇〉中說：子曰：「由之瑟，奚為於丘之門？」門人不敬子路。子曰：「由也升堂矣，未入於室也。」孔子說：「由（子路）所彈的這種瑟聲，怎麼會出現在我的門下呢？」其他的學生聽了這話就不尊重子路。孔子說：「由的修養已經登上大廳，還沒有進入深奧的內室而已。」當然，孔子的後一句話是為了維持同學之間和諧的關係。從這裡我們也可以知道，子路的音樂水準確實一般，實在是不夠。

但是自從孔子收了子路這個學生之後，沒有人敢公開責難孔子，畢竟子路勇武過人，對老師的保護是相當忠誠的。我們可以想像，如果有人公開批評孔子的話，子路必定會出面。可見，孔子碰到像子路這樣一位率真的學生，確實不錯。

子路的個性及特色迥異乎常人，根據《論語》的記載可以得知。這樣的例子有三個。

其一，〈顏淵篇〉載：子曰：「片言可以折獄者，其由也與？」意思是：孔子說，根據一面之詞，就可以查出實情、判決案件的，大概就是由吧！一般的訴訟案件，都要聽兩造雙方之詞，待原告、被告講完之後才能判斷。但子路不同，他聽到一面之詞就知道誰對誰錯，不是他很武斷，而是他這個人非常剛正，個性特別果決，能夠果斷地下決定。以致孔子認為子路做官不是問題，因為做官只須具備一種專長，就能找到適合的位置。

其二，〈子罕篇〉載：子曰：「衣敝縕袍與衣狐貉者立，而不恥者，其由也與？」（孔子說：「穿著破舊的棉袍，與穿著狐貉皮裘的人站在一起，而不覺得慚愧的，大概就是由吧？」）這個不簡單。平常我們不都是「人看衣裝」嗎？如果看到別人穿的都是名牌，自己站在旁邊就覺得很寒酸、不好意思了。子路比我們好多了，他毫不在乎，不在乎別人穿什麼名牌、名貴的衣服。還記得子路的志向：「願車馬衣裘與朋友共，敝之而無憾。」車、馬、衣服、棉袍跟朋友一起用，用壞了都沒有遺憾。所以孔子接著用《詩經》裡面的話稱讚子路：「不忮不求，何用不臧？」就是說：一個人能像子路一樣，不嫉妒，也不貪求，怎麼會不好呢？但是子路這個人確實很可愛，他聽到老師用這句話稱讚他，「終身誦之」，就每天都念叨著這八個字。孔子看到這種情況就說他：「是道也，何足以臧？」意即這樣固然是正途，但是還不夠好啊！還應該繼續努力，還需要積極地去達成更高的要求。這也是一個老師教育學生的原則，把消極變為積極，把被動變為主動。

其三，〈公冶長篇〉載：子曰：「道不行，乘桴浮於海。從我者，其由與？」子路聞之喜。子曰：「由也好勇過我，無所取材。」（孔子說：「我的理想沒有機會實行，乾脆乘著木筏到海外去。跟隨我的，大概就是由吧！」子路聽了喜形於色。孔子說：「由啊！你愛好勇敢超過我，但是沒有地方可以找到適用的木材啊！」）有時候孔子也覺得很難過，因為他的理想不能實現。孔子想移民海外，而選擇跟隨他的就是子路。三千弟子，哪一個人不希望被老師選中作為隨從？孔子講完之後，子路高興得不得了，喜形於色。孔子一看到子路那麼高興，馬上就敲警鐘，就是說剛剛講的只是心裡面的一個感歎，不要當真。

由上可見，至少有三點，孔子認為子路超過一般的學生。

敢於直言的子路

我們也知道，子路非常率真，什麼話都敢講。孔子的學生裡面，敢給孔子擺臉色、敢對孔子生氣、敢跟孔子吵架，表現自己不滿的人，只有子路一個。一般人讀《論語》，對子路的印象特別深。因為他的情緒直接表現出來，不會轉彎抹角。這也是一種率真的表現。

最有名的當然是「子見南子」這一段。南子是衛靈公的夫人，也是當時的一位美女，但她的名聲不好，太過風流。孔子周遊列國到衛國的時候，南子親自下帖子，希望與孔子見面談一談。子路極力反對，說南子名聲不好，老師最好不要去，以免被利用。但孔子說不行，非去不可。因為人家畢竟是國君夫人，按照禮數來請你，而你是一個過客，不去則有失禮儀。所以孔子就去了。據說當時那個見面的場景，也是非常生動，很多人喜歡描寫這一段，其實沒那麼複雜。因為南子知道孔子是一個嚴肅的學者，當然她也得約束自己，與孔子見面的時候，隔一個簾幕，戴上各種裝飾品，所以孔子根本沒看到南子長什麼樣子，只聽到環佩之聲。只是會談之後，真的被利用了。衛靈公與南子邀請孔子出遊，孔子坐在後面的車子上，跟著她遊行衛國國都的街區，讓別人知道國際上有名的學者孔子支持她。

回去之後，子路非常不高興，對孔子說：「老師，您果然被利用了。」孔子當時還發誓。〈雍也篇〉載：夫子矢之曰：「予所否者，天厭之！天厭之！」（孔子發誓說：「我如果做得不對的話，讓天來厭棄我吧！讓天來厭棄我吧！」）你看，孔子面對子路這個學生，也要辯解自己做的事情之對錯。子路這樣的學生，就像好朋友一樣，可以隨時從他的角度提供意見。

第二次是魯國發生內亂，局勢非常複雜，叫做「四分」。何謂四分呢？魯國的國君，另外有三家大夫，三家大夫的勢力比國君還大。所以變成國君本身的力量只有四分之一。三家大夫權力很大，各自還有家臣，其中一家大夫的屬下叛變，請孔子去幫忙。子路極力反對。孔子很有自信，認為自己有能力改善情況。後來也沒去成，畢竟局勢太複雜，一旦捲入就很難脫身。

第三次是晉國趙簡子專政時，攻打范中行，范中行的家臣佛肸是中牟縣長，據地反叛趙簡子。於是佛肸召請孔子，孔子想要前往。子路說：「以前我聽老師說過，『君子是不會前去公然行惡的人那裡的。』現在佛肸佔據中牟，起兵反叛，您卻想要前去，又該怎麼說呢？」孔子說：「對的，我說過這樣的話。但是，我們不是也說『最堅硬的東西，是磨也磨不薄的』？我們不是也說『最潔白的東西，是染也染不黑的』？我難道只是匏瓜嗎？怎麼可以掛在那兒不讓人食用呢？」可見，孔子很希望有機會替百姓服務，這也是孔子對自我的了解和信心。但是子路還是反對，他認為這樣會引起別人很多誤會，實在是沒有必要。

第四次是孔子帶領眾弟子周遊列國時，曾在陳國居住三年，在遷往蔡國途中，被困在陳、蔡兩國之間，就是所謂的「陳蔡之厄」，以致很多人提到孔子就會想到三個字——喪家犬。當時孔子被圍困在陳蔡兩國之間，有七天沒有糧食充饑，跟隨他的人病倒了，沒有辦法起床。子路帶著怒氣來見孔子，說：「君子也有走投無路的時候嗎？」孔子說：「君子走投無路時，仍然堅持原則；換了是小人，就胡作非為了。」即使在非常困難的時期，孔子還是提醒子路要堅持君子的原則。

以上就是在《論語》裡面至少有四次，子路敢對老師直言抗議，認為老師做的有問題。對孔子來說，他知道這樣的學生忠心耿耿，是替老師著想，所以孔子從來也沒有怪子路。面對這樣的人我們就要問，他的生命特色除了前面講的率真，還有什麼呢？接著我們就要說一下他的志向了。

率性而為的子路

《公冶長篇》記載：顏淵、季路侍。子曰：「盍各言爾志？」子路曰：「願車馬衣裘與朋友共，敝之而無憾。」顏淵與季路站在孔子身邊。孔子說：「你們何不說說自己的志向？」子路說：「我希望做到：把自己的車子、馬匹、衣服、棉袍，與朋友一起用壞了都沒有一點遺憾。」

子路的回答說明他重視朋友的情義，遠遠超過財物的價值，這也是儒家的基本精神，絕對是把人的價值放在物質上面，就像子路。當時棉袍、車馬都是很貴重的東西，用壞了沒關係，因為是朋友，可見子路對朋友特別講道義。我到現在還沒有見過一個「子路」，只見過「半個子路」，何謂「半個子路」呢？譬如你向別人借電腦，弄壞了，他非常遺憾。這就是半個子路。真正的子路是，你向他借電腦，用壞了，他說，沒關係，我用也會壞。如今，這種人去哪裡找呢？

子路惟一一次受到孔子較嚴厲的批評，是在衛國。這件事記載在〈子路篇〉中。子路到了衛國，就請教孔子，如果衛國國君請您給意見，您會說什麼呢？孔子說「必也正名乎」，「正名」就是糾正名分，也就是說君君臣臣、父父子子，要正名。因為當時的國君是衛出公，他的父親想回來爭國君的位子，究竟誰是君，誰是臣呢？一個國家只能有一個國君，如果兒子當了國君，父親就是臣，怎麼辦呢？所以衛國先要正名，把名義、名分先界定好。孔子講完這句話之後，子路居然說：「有是哉，子之迂也！奚其正？」也就是說「您未免太迂闊了吧！有什麼好糾正的呢？」所以孔子就批評子路，說「野哉，由也！」說子路太粗野了，不懂得怎麼想得深刻一點、完整一點。因為「名不正，則言不順；言不順，則事不成；事不成，則禮樂不興；禮樂不興，則刑罰不中；刑罰不中，則民無所措手足」，所以定下一種名分，一定要讓它可以說得順當；說得出來的，也一定讓它可以行得通。

還有，〈先進篇〉記載：子路使子羔為費宰。子曰：「賊夫人之子。」子路曰：「有民人焉，有社稷焉，何必讀書，然後為學？」子曰：「是故惡夫佞者。」子路擔任季氏的家臣，魯國的三家之中，季氏權力最大，子路想派自己的學弟子羔（即高柴）去當一個縣的縣長。孔子認為子路會害了子羔。因為子羔很年輕，各方面的表現還不夠理想，最好不要讓他立刻去做官。子路說什麼？子路說有百姓與各級官員，也有土地與五穀，為什麼一定要讀書才算是求學呢？於是孔子說，這就是我討厭能言善辯者的緣故。其實子路不太會說話，但在這個地方孔子是最討厭巧言善辯的，因為為學本來不限於讀書，子路的說法沒有錯。但是不讀書或讀書未成，就投入實際政事，所學的不僅有限，而且可能會付出不少錯誤的代價。畢竟做官一定要具備三個條件，即知識、德行、能力，你才能做官。不過我們也可以看出，作為學生，子路跟孔子的互動，也是特別的密切、頻繁。

衝動的子路

孔子生病了，表現得最積極的也是子路，有兩次記載。第一次是在〈述而篇〉中：子疾病，子路請禱。子曰：「有諸？」子路曰：「有之；《誄》曰：『禱爾於上下神祇。』」子曰：「丘之禱久矣。」孔子病得很重，子路請示要做禱告。孔子說：「有這樣的事嗎？」子路說：「有的，《誄》上說：『為你向天神地祇禱告。』」孔子說：「我長期以來一直都在禱告啊！」孔子的禱告，長期以來都在進行，為什麼？因為孔子有很深刻的宗教情操，所以他覺得一個人平常沒有好的表現，不夠虔誠的話，臨時抱佛腳是沒有用的。所以孔子就婉謝了子路的好意。

第二次是在〈子罕篇〉中，又是孔子生病，很嚴重。子路就派學生組成治喪委員會。我們都知道，古代不能夠隨便組織治喪，一定要有正式大夫的身份才能組織。孔子看到學生們穿上特製的服裝，忙進忙出的，病情稍微好一點就問，怎麼回事啊？學生們都說是子路吩咐的。因為子路是學長，又那麼積極，大家都聽他的話。孔子說：「吾誰欺？欺天乎！」子路這個學生想騙誰呢？我要騙誰呢？要騙天嗎？明明沒有這個大夫的身份，現在去擺這個場面，是騙人的。但是子路對老師非常愛護，總覺得老師那麼偉大，真的要過世的話，一定要好好地辦一場喪禮。這也是子路的一種用心，但孔子不領情。孔子認為，日常一般行動都要合乎禮儀的要求，不能夠違背禮儀，違背禮儀，社會就沒有規矩了。可見，子路有時候在行為上的表現，會顯得過於衝動。

子路的局限——修養更上一層

作為學生，子路當然也會向孔子提出一些問題，其中有一個到今天還在討論的。〈先進篇〉中記載了這個問題，這是個好問題，但很可惜，不是子路該問的：季路問事鬼神。子曰：「未能事人，焉能事鬼？」曰：「敢問死？」曰：「未知生，焉知死？」意思是說：子路請教如何服侍鬼神。孔子說：「沒有辦法服侍活人，怎麼有辦法服侍死人？」子路又問：「膽敢請教死是怎麼回事？」孔子說：「沒有了解生的道理，怎麼會了解死的道理？」「未能事人，焉能事鬼」，說明子路如果不能夠跟人好好相處，又怎麼可能跟鬼神好好相處呢？因為子路屬於行動派，不太喜歡做深入思考；同樣不喜歡音樂、藝術、文學這些，而這些恰恰是跟人好好相處所需要的。所以他一旦提出怎麼跟鬼神交往，孔子只能如此回答。

子路又問，什麼是死亡？這個問題太深刻了。死亡，每一個人最後都會碰到，哪一個人不想知道，但是有誰能說得清楚呢？死亡不是一個經驗界的事實，死亡一出現，經驗就結束。從來沒有一個人死了之後，再跑回來說，我跟你們說，死了之後是怎麼回事。子路卻相信老師知道，但是孔子說「未知生，焉知死？」你還不了解怎麼叫做生，你怎麼能了解什麼叫做死呢？意思就是說，一個人死亡是一回事，主要是活著的時候如何做人處事，死是自然的結果，何必擔心死亡是一種什麼樣的情況呢？不管將來怎麼樣，你現在活著，就要好好做一個人。孔子希望子路先了解如何與別人相處，如何珍惜這一生，而不要老想著死亡之後的事情。

問題來了，很多人就從這段對話批評孔子，說孔子不了解死亡。其實在是很冤枉，為什麼冤枉呢？孔子怎麼會不了解死亡呢？哲學家沒有不了解死亡的（當然我說的是真正偉大的哲學家）。如果你仔細研究，就發現《論語》裡面生命的「生」字出現了十六次，但「死」字出現了三十八次，代表孔子當然了解死亡，一個人不了解死亡，怎麼可能說「朝聞道，夕死可矣」，怎麼可能說「無求生以害仁，有殺身以成仁」呢？這是孔子對死亡的了解，在他眼裡，死亡沒什麼好怕的。

西方哲學家談到死亡的，最簡單、最清楚、最深刻的是蘇格拉底。蘇格拉底因為被冤枉而接受審判，最後被判死刑，很多人都希望他逃獄，他逃獄對官方也是一種解脫。他就是不逃獄，學生每天來看他，都很難過地說：「老師，難道你不怕死嗎？」蘇格拉底回答說：「死亡沒什麼好怕的。死亡只有兩種情況：第一種，死亡是一種無夢的安眠；第二種，死亡之後可以擺脫身體的束縛，可以自由自在，去你想去的地方，去見你想要見的人。」蘇格拉底認為，人死了之後反而解脫了，因為人活著是把身體當做監獄，把靈魂當做本體、自我。如果身體消解了，代表你離開監獄了，然後可以到處自由飛翔，去見想見的人。所以蘇格拉底對死亡毫不害怕。事實上我們對死亡沒有必要害怕，死亡是一件自然的事情，有生就有死。

如果我們拿來對照儒家的思想，儒家對於死亡有什麼看法呢？我們借這個機會來談談，因為正好子路問到這個問題。第一，死亡是生命的自然結束，有生、有老、有病、有死，所以你不要有特別的情緒反應。第二，死亡本身不只是一個結束，它還代表一種目的，希望你這一生到死亡可以做一個總結。如果你不把它當總結，怎麼能說殺身成仁呢？孟子後來說「捨生取義」也是一樣。一般人以為死亡是犧牲，死亡是放棄，死亡是損失，但是對儒家而言，死亡是生命的最後一個檢驗，你要檢驗這一生過得有沒有價值，有沒有達到目的。這是對死亡的兩點看法，如果你理解了，人生就非常安穩了。對死亡這一關都理解了，生命還有什麼好擔心的呢？你就好好珍惜這一生，好好把握它。由此可見，子路提的問題，我們不一定完全從字面來看，也可以把它延伸出來，去發揮孔子的思想。

對於孔子認為的仁者，子路也頗有微詞，譬如管仲。在《論語》裡面，孔子特別提到有六個人合乎仁者的要求，這是很高的評價。前五個人是微子、箕子、比干（這三個人都是被商紂王所迫害的）、伯夷、叔齊，第六個就是管仲。子路就認為管仲有問題。管仲為何人呢？就是春秋時期齊桓公的宰相，九合諸侯，一匡天下。其實，管仲的私德並不好，孔子也說他的私德很有問題，講究排場、享受，不知禮等等。但是管仲幫助齊桓公用外交手段避免戰爭，讓春秋初期一百多年可以和平相處。這是很大的成就，因為戰爭會造成無辜的百姓死傷，可見，管仲的貢獻很大。所以孔子對管仲特別推崇。這也是我們常常提到的儒家思想——人性向善，善是我跟別人之間適當關係的實現。如果我當齊國的宰相，我的負責範圍是齊國百姓，但是我可以通過外交手段，讓各國都不要戰爭。一個齊國的宰相，卻照顧了天下各國的百姓，他的功勞當然是遠遠超過他的身份要求。孔子特別稱讚管仲，就是這個道理。否則，你非要講一個人私德好不好，一個人具體的生活表現如何，那有誰是完美的呢？一個人過什麼日子，是他個人的條件，重要的是他如何在他的崗位上把他的事情做好。超過崗位所要求的範圍而造福天下人，這才是孔子所要肯定的。但子路的修養畢竟有限，並不了解這些。

管仲為什麼被子路批評呢？因為當時齊國發生內亂，齊襄公被殺，兩個王子就逃到國外；誰先回國，誰就可以當國君，另外一個當然非死不可了。當時，管仲和好朋友鮑叔牙想出一個辦法，決定各自跟隨一個公子，因為雞蛋不能放在同一個籃子裡。管仲選擇公子糾，鮑叔牙選擇公子小白，結果兩相爭戰，公子小白勝利即位，就是齊桓公。還好齊桓公聽了鮑叔牙的建議，讓管仲當宰相。子路由此批評管仲不講義氣。子路批評得對不對呢？還是有點局限。因為我們平常講義氣的時候，也要衡量，畢竟都是齊國人，在競爭過程中，誰輸誰贏還是齊國人，不能因為跟了一個領導者，他輸了，你就得殉主。不管競爭如何慘烈，人才總要為自己的國家所用，否則，你講的是小信小義，並非大信大義。

所以孔子聽了子路以及子貢的批評，就回答說：「管仲相桓公，霸諸侯，一匡天下，民到於今受其賜。微管仲，吾其被髮左衽矣。豈若匹夫匹婦之為諒也，自經於溝瀆而莫之知也？」（〈憲問篇〉）意思是說：管仲輔佐桓公，稱霸諸侯，一舉而使天下得到匡正，百姓到今天還在承蒙他的恩惠。如果沒有管仲，我們可能已經淪為夷狄，披頭散髮，穿著左邊開口的衣服了。他難道應該像堅守小信的平凡人一樣，在山溝中自殺，死了還沒有人知道嗎？這就是儒家的思想。孔子確實偉大，他能夠通情達理。講道義沒錯，但是要講的是什麼道義呢？也就是孟子說的：「大人者，言不必信，行不必果，惟義所在。」真正德行完備的人，說話不必守信，做事不必有結果，一切都以道義作為依歸。不能夠光憑著子路的率真就一意孤行了。

「以義作依歸」代表什麼呢？舉個例子，假設我有一個朋友，他知道我有一把獵槍，他跟我說，下個月獵槍借給我。作為朋友，當然可以借。但是這個月之內，朋友得了抑鬱症，有自殺傾向，他跑來問我，上個月答應借的獵槍能借給他嗎？我也只能撒謊說獵槍被偷了。我就不能守信用了，如果借給他，恐怕他會拿獵槍自殺。所以要謹慎判斷，我們答應別人的事情，中間有什麼變化，需要衡量，不能一成不變。如果是這樣，就變成「你拿獵槍自殺是你自己的事情，我守我的信用」，這是不對的。我們要隨時保持高度的警覺，用智慧來判斷每一個細微的變化，孟子說上述那段話的原因就在這裡。

因此，我們學儒家絕非愚忠，死而後已，沒這麼簡單。你有你的原則，但是你要懂得變通。如果只有原則，不能變通，寸步難行，世間的路根本走不通。但是變通絕不是讓你任意改變你的想法與做法。你不守信用，要說明理由，讓別人知道中間的變數是什麼。「以義作依歸」，義者宜也，義就是正當性，它會隨情況而改變。何謂正當性？何謂應該要做的事？要看情況而定。同一件事，張三可以做，李四則不可以做，為什麼？因為對象不一樣，情況不一樣。由此可見，對朋友要守信，要講道義，但是還要隨時判斷個別的情況。所以學儒家絕不是簡單學它的教條，而是要把它當做心中的一個原則，並且啟發高度的智慧，隨時加以判斷，做新的選擇。

這些對子路來說，當然是很大的挑戰。子路最後就是沒有學會這一點，所以他在衛國做官的時候，為了忠於他的國君，結果在衛國父子爭權的爭鬥中被殺。子路比顏淵晚一年過世，當時孔子七十二歲。孔子的晚年真的是很痛苦，他的兒子、他最喜歡的兩個學生顏淵和子路都過世了。所以他非常難過，子路慘死的消息傳來，他也說，上天要斷絕我吧，跟顏淵過世的時候情況類似。

莊子後來批評孔子，就用子路做例子。他說孔子教學生沒教好，讓子路參與別國的政治內鬥，最後被剁成了肉醬，意思好像是子路如果不當孔子的學生，說不定可以多活幾年。莊子的批評對不對呢？也有他的道理。但是怎麼能怪孔子呢？因為子路個性率真，有他的優點，很值得我們欣賞，每一個人看到子路都會覺得這個人真是充滿活力，到任何地方都是行動派。但是他不太喜歡慢慢去研究、體會，喜歡立刻就見到效果。這也是他人性的可愛和悲劇的必然之處。

稱職的臣子

每一次孔子要求學生談志向，子路都是第一個說，原因之一是他年紀最大，更重要的是他不喜歡兜圈子、有話就說的直性子。我們且由另外一件關於談志向的例子說起。

〈先進篇〉記載：子路、曾皙、冉有、公西華侍坐。子曰：「以吾一日長乎爾，毋吾以也。居則曰：『不吾知也！』如或知爾，則何以哉？」子路率爾而對曰：「千乘之國，攝乎大國之間，加之以師旅，因之以饑饉；由也為之，比及三年，可使有勇，且知方也。」夫子哂之。意思是說：子路、曾皙、冉有、公西華在旁邊陪著。孔子說：「我比你們虛長幾歲，希望你們不要因此覺得拘謹。平日你們常說：『沒有人了解我！』如果有人了解你們，又要怎麼做呢？」子路立刻回答說：「擁有一千輛兵車的國家，夾處在幾個大國之間，外面有軍隊侵犯，國內又碰上饑荒；如果讓我來治理，只要三年，就可以使百姓變得勇敢，並且明白道理。」孔子聽了微微一笑。孔子為什麼「哂之」？曾皙同樣也有這樣的疑問。

在這一次對答中，曾皙得到了孔子的首肯，但是他還是不滿足，等其他同學走後便問孔子：「子路講完他的志向，您為什麼笑了一下？」孔子說：「治理國家要靠禮，但他說話一點都不謙虛，所以我笑他。」可見，子路真是有話就直說了。那麼如此一個人，如果有機會發展去做官，其實也可以做得不錯。子路後來也在魯國做過官，與冉有同為季氏家臣。子路做官做得怎麼樣呢？至少沒有負面的批評。冉有就有很多負面的批評，孔子說過一句話：「非吾徒也。小子鳴鼓而攻之可也。」敲著鑼，打著鼓，去攻誰？就是冉有。但是孔子並沒有批評子路，可見子路的口碑還算好。

在孔子眼裡，子路的官做得好不好呢？我們由這段對話就可以看出來：季子然問：「仲由、冉有可謂大臣與？」子曰：「吾以子為異之問，曾由與求之問。所謂大臣者，以道事君，不可則止。今由與求也，可謂具臣矣。」（〈先進篇〉）季子然請教：「仲由（子路）與冉有可以稱得上是大臣嗎？」孔子說：「我以為你要問別的事，原來是問由與求。所謂大臣，是以正道來服侍君主，行不通就辭職。現在由與求二人，只可以說是稱職的臣子。」

為什麼孔子說子路不能算大臣，只能算是「具臣」。「具」是具體，即子路只能做具體的事情，譬如負責財務、負責商業、負責教育文化等某一方面。孔子心中真正的大臣是怎麼樣的呢？八個字：「以道事君，不可則止。」就是說，我要用正道來服侍國君，行不通我就辭職。因為一個國家上不上軌道，國君好不好，那是其他事情，但是做大臣的一定要承上啟下，讓整個社會能夠往正路發展。如果做不到，就不要勉強，不要被利用來完成國君個人的偏差的欲望。可見，子路和冉有的修養還達不到這個層次，只能做一個具體的臣子。不過子路的表現要比冉有好一點，至少在政務上沒有什麼負面的評價。

名垂後世

有人說，可惜子路的思想沒有傳下來，事實上子路也不是以思想見長的。他就是以自己的人格特質來讓很多人懷念他。他個性非常豪爽，特別重視對朋友的道義，對孔子的情感也特別深厚。所以我們今天如果向子路學習率真，不要忘記他的勇敢和正義感。當時天下的風氣很複雜，一個人能不能充當中流砥柱呢？子路就可以做到，就好像別人都穿名牌，吃得好穿得好，有各種生活享受，子路卻毫不在乎。他知道一個人的價值在內不在外，由他對管仲的評價可以看得出來，有錢人生活好，或者像管仲一樣做大官，在子路看起來，還是有瑕疵。雖然孔子告訴他更高的層次，讓他知道做人不能只看具體的表現，還要看與別人的互動造成的人際社會效果，但是這方面是比較深刻的，對子路來說，他更注意身邊立刻能做的事情。

子路在《論語》裡面占的篇幅最多，包括他也問如何從政。孔子告訴他要身先士卒，自然會有表率作用，底下的官員也會願意替老百姓服務。但是子路還不滿足，要求孔子多講一點，因為做官的事情很複雜，四個字怎麼學呢？孔子又說了兩個字「無倦」，就是不要倦怠。也就是說，在身先士卒的基礎上，你是否有恒心。只要有恒心，事情的效果才能出現。通常如果一個人比較率真，比較勇敢，比較直爽，那這個人往往也比較沒有耐心，希望立竿見影，譬如我今天發布一個政策，立刻就希望有好的效果，馬上就達到一種目的，事實上這是不可能的。所以，孔子的回答也是對症下藥，告誡子路不要倦怠，不要疲倦，要持之以恆。人活在世界上，要甘於平常、平淡、平凡的生活。如果你活著每天都希望高潮迭起的事情，恐怕你也不一定受得了，平凡、平淡、平常才是人生真正的內涵所在。西方有一句話：「沒有新聞就是好新聞。」（No news is good news.）像子路的個性，就喜歡高潮迭起，他在這一方面也有他的才華，他的性格鮮明，與別人來往的時候也都敢做敢當，見義勇為。

有關子路，除了見諸《論語》的表述，在《孟子》裡面我們也可窺見一斑，孟子是如何評價他的呢？《孟子》中說：「子路聞過則喜。」子路聽到自己有過失就很高興。這實在是太難做到了。一般人聽到別人講自己有什麼過失，首先就是否認或者辯護，這是一般人的反應。子路不是，子路聽到別人說他有什麼過錯，非常高興，為什麼？他可以改進。在《論語》裡也提到一句類似的話：「子路有聞，未之能行，惟恐有聞。」子路每一次聽到老師說做人處事的道理，什麼事情該怎麼做，他如果還沒做到的話，就很怕又聽到老師說新的道理。就好像老師今天告訴子路應該孝順，如果他沒有做到孝順，他就不太願意再聽到別的話。因為前面的還沒做完，後面再聽多的話，到時候做不完怎麼辦？孟子講完「子路聞過則喜」之後，後面就說大禹：「禹聞善言則拜。」大禹聽到有價值的話，立刻向別人拜謝。最後講舜：「大舜有大焉，善與人同。」把子路與二聖放在一起，這是很高的評價。可見在孟子心目中，子路的位置與一般人不同。

結論：點石成金

由上可見，我們對於子路的各種表現就很清楚了，他是一個正人君子，頂天立地的好漢；他說話算話，儘量做到自己對自己要求的事；他聽別人訴訟案件的時候，也沒有什麼耐心，但是「片言折獄」；他聽到孔子說可以帶他出國，特別開心，立刻想要去找船了。這是他率真個性的表現，當然我們都覺得，他還需要去沉潛一番，他如果對音樂、藝術、文學等再深入了解的話，那就更完美了；但是我們不能求全責備，每一個人都有他天生的性向，只是後天的磨練各有千秋。我們再回到前面第一段的故事，子路做了孔子學生之後，真的像在南山的竹子前面裝上了箭頭，後面插上了羽毛。他這一生的表現就因為做孔子的學生而脫胎換骨、面目一新。否則，他只不過是一個好勇鬥狠或者行俠仗義的年輕人，一路發展下去，到老的時候能夠行俠仗義嗎？能夠好勇鬥狠嗎？這當然不可能。所以孔子對學生的這種教育，確實有點石成金的效果，這在子路身上表現得最鮮明。我們跟子路學習什麼，學習率真，同時不要忘記勇敢和道義，到最後還要區分「義」：當不當、應不應該做。同時子路受到孔子提醒、指點或者是批評的地方，也都值得我們去學習、效法、反思。我們也可以看到，像孔子的這個學生——子路，在眾多學生中，無論如何都是個性最鮮明、表現也特別傑出的一位。

向子夏學習教書

司馬牛憂曰：「人皆有兄弟，我獨亡。」子夏曰：「商聞之矣：『死生有命，富貴在天。君子敬而無失，與人恭而有禮。四海之內皆兄弟也。』君子何患乎無兄弟也？」——《論語．顏淵篇》

子夏，原名卜商，字子夏，衛國人，小孔子四十四歲，是列名於文學科的學生。他跟子游一樣，是孔子周遊列國時所收的學生。子夏有什麼可以讓我們學習的地方呢？我們要向他學習的是如何教書。這不是當老師的才要學嗎？事實上，在日常生活中，每一個人都要做老師和學生，只靠我們在學校所學的，很難應付社會日常事務。

「仕而優則學，學而優則仕」，這句話就是子夏說的。他對教書有什麼心得呢？他是很好的學生，晚年則是很好的老師，教過一個國君，叫魏文侯。所以他是孔子學生裡面比較有成就的一位。

子夏問孝

子夏的個性，算是比較內向的。孔子說過一句話：「過猶不及。」就是子夏與子張的對照，子張是「過」，子夏就是「不及」。在《論語》裡，我們最初看到子夏的時候，是與子游一起出現的。當時兩人都向孔子請教什麼叫孝順。〈為政篇〉記載：子游問孝。子曰：「今之孝者，是謂能養。至於犬馬，皆能有養。不敬，何以別乎？」（子游請教什麼是孝。孔子說：「現在所謂的孝，是指能夠侍奉父母。就連狗與馬，也都能服侍人。如果少了尊敬，又要怎樣分辨這兩者呢？」）子夏問孝。子曰：「色難。有事，弟子服其勞；有酒食，先生饌；曾是以為孝乎？」（子夏請教什麼是孝。孔子說：「子女保持和悅的臉色是最難的。有事要辦時，年輕人代勞；有酒菜食物時，讓年長的人吃喝；這樣就可以算是孝了嗎？」）

針對兩個學生同樣的問題，孔子一方面是因材施教，另一方面也就孝順這個題材做了基本的說明。子游問孝，孔子的回答是現在所謂的孝順，就是奉養父母，讓他活著，有東西吃而已；但是你不能尊敬父母的話，那與狗和馬對人的照顧有什麼差別呢？這是回答子游的說法。「子夏問孝，子曰色難」，「色難」的意思是臉色保持愉悅最難。因而有事弟子來做，有好吃的酒菜食物，讓父母來吃，這不算是真正的孝順。我們都知道，平常與父母相處，很容易給父母臉色看，尤其父母年紀大了或父母生病了，我們也會不耐煩，種種理由、藉口都有，正如俗話說：「久病床前無孝子。」但是別忘了，小時候父母帶我們看病，什麼時候拖延過？什麼時候抱怨過？為什麼我們對父母親就覺得不耐煩呢？可見，臉色保持愉悅是最困難的事，因為內心必須有深厚的情感，才能使外表透露出愉快的神情。我們都知道，你愛一個人的時候，為他做任何事你都會很開心；如果你對他感情稍微少一點，就開始不耐煩了。這也是人之常情。子夏和子游都是文學科的高材生，對於文獻方面的理解都非常好。但是，對於子游問孝，孔子強調尊敬；對於子夏問孝，孔子強調關愛。所以孝順的時候，不能沒有尊敬和關愛，把它們合起來看，就比較完整了。

好學深思

子夏的書讀得非常好，同學們有什麼問題，就會請教子夏。舉兩個例子來說明。

其一，據〈顏淵篇〉記載：司馬牛憂曰：「人皆有兄弟，我獨亡。」子夏曰：「商聞之矣：『死生有命，富貴在天。君子敬而無失，與人恭而有禮。四海之內皆兄弟也。』君子何患乎無兄弟也？」（意思是：司馬牛很憂愁，說：「別人都有兄弟，就是我沒有。」子夏說：「我聽到的說法是：『死生各有命運，富貴由天安排。君子態度認真而言行沒有差錯，對人謙恭而往來合乎禮節，那麼四海之內的人都可以稱兄道弟。』君子又何必擔心沒有兄弟呢？」）子夏所回答的顯然是孔子曾經說的，經過子夏的轉述保存下來。「死生有命，富貴在天」這八個字，到現在還是儒家基本的態度，一個人的死生都是命，不是人的意志所能左右的。接著是「君子敬而無失，與人恭而有禮」，君子要求做事很認真，這是一種誠意；而不要有任何的閃失，這是一種責任；對別人都很有禮貌，這是具體表現。這樣的人，當然是「四海之內皆兄弟」了。

「四海之內皆兄弟」說起來很好聽，但是不要忘記，它背後有一種對人性的理解。因為人性都是一樣的：你在台灣，對別人好，別人對你也好；你去外國，對別人好，別人同樣也對你好。也就是說凡是人，都有人性，人性都是向善的，你行善，別人就喜歡你，這叫做人性向善。否則，「四海之內皆兄弟」很難說得通，當然，前提是恭和敬，屬於行善的表現，別人都願意跟你做朋友，甚至親如兄弟。由此可見，子夏的書讀得好，老師說的話他記住了，還可以幫別的同學解惑。

其二，也是見於〈顏淵篇〉：樊遲問仁。子曰：「愛人。」問知。子曰：「知人。」樊遲未達。子曰：「舉直錯諸枉，能使枉者直。」樊遲退，見子夏曰：「鄉也吾見於夫子而問知，子曰：『舉直錯諸枉，能使枉者直』，何謂也？」子夏曰：「富哉言乎！舜有天下，選於眾，舉皋陶，不仁者遠矣。湯有天下，選於眾，舉伊尹，不仁者遠矣。」我們都知道孔子有兩個學生，一個是司馬牛，一個就是樊遲，這兩個學生資質不是很好，也不是很努力，有時候提出問題，孔子的回答他們也聽不太懂，也不敢再去問老師，所以只好都來向子夏請教。樊遲請教孔子什麼是仁？孔子說愛人。請教孔子什麼是明智？孔子說了解別人。樊遲沒有聽懂，孔子說：「提拔正直的人，使他們位於偏曲的人之上，就可以使偏曲的人也變得正直。」然後就下課了。樊遲還是沒懂，就去問誰呢？問子夏。因為子夏書讀得好。子夏一聽，立刻說老師說得真好，舜統治天下時，在眾人中挑選，把皋陶提拔出來，不走正路的人就自然疏遠了。湯統治天下時，在眾人中挑選，把伊尹提拔出來，不走正路的人就自然疏遠了。也就是說，為政者把正直的大臣選拔出來，好人就出頭，壞人就離開了，把好人提拔出來，天下自然就上軌道了。這是子夏的心得，很精彩，他能夠根據孔子與樊遲的簡單的對話，理解並加以發揮，引申出這些道理。可見，子夏的書讀得不錯，學問功底還是挺紮實的，能夠根據老師的回答去發揮自己的心得。

繪事後素：後天的修養更重要

在整部《論語》裡面，子夏有一次表現最傑出，從來沒有那麼得意過。這一次，孔子居然公開說，能夠給我啟發的就是子夏。對子夏來說，這是一輩子最大的榮幸。到底怎麼一回事呢？且看〈八佾篇〉：子夏問曰：「『巧笑倩兮，美目盼兮，素以為絢兮。』何謂也？」子曰：「繪事後素。」子夏曰：「禮後乎？」子曰：「起予者商也。始可與言詩已矣。」（意思是：子夏請教說：「『笑眯眯的臉真好看，滴溜溜的眼真漂亮，白色的衣服就已經光彩耀目了。』這句詩是什麼意思？」孔子說：「繪畫時，最後才上白色。」子夏接著說：「那麼，禮是不是後來才產生的？」孔子說：「能夠帶給我啟發的，是商啊。現在可以與你談《詩經》了。」）這是《論語》裡面很有名的一段話。「巧笑倩兮，美目盼兮，素以為絢兮」，這三句話前面兩句是指一個女孩子麗質天生，笑眯眯的臉，滴溜溜的眼，很漂亮，但是為什麼穿上白色的衣服就光彩耀目呢？子夏不知道這是什麼意思。孔子給他的答案是「繪事後素」四個字。這四個字後代有很多人亂解，包括朱熹在內。

朱熹為什麼解錯呢？因為朱熹是宋朝人，宋朝人畫畫的時候，一般是白紙上畫彩色的東西，很容易就畫成了。因此朱熹把它解釋為繪畫的時候，在白色的紙上面畫上各種彩色。其實在孔子那時繪畫並沒有紙，用的是絹帛，而絹帛很少有白色的，因為古代做成白色特別困難，所以做成的絹帛都是淡咖啡色的或者黃色的。因此繪畫的時候是先把其他顏色畫上去，最後上白色。所以白色是一種特別的顏料，白色上去之後，彩色就彰顯出來。孔子的回答很簡單，繪畫的時候最後上白色，本來講完就下課了。但講完之後，子夏接了一句，這三個字就得到孔子無所保留的稱讚。子夏說「禮後乎」，意思是禮難道是以後才加到人身上的嗎？這句話意思看起來很簡單，就是一個人生下來並不懂得什麼叫禮，學習了禮之後，就按照禮來做人處事。孔子嚇了一跳，說能夠啟發我的就是子夏啊，從今以後，可以跟子夏討論《詩經》了。這是子夏這一生最得意的場合。

我們來分析一下，為什麼子夏說「禮後乎」就得到孔子的稱讚呢？因為一般人都以為禮是彩色的，而孔子認為，禮是白色的。什麼叫做禮是彩色的呢？就好像一個人生下來是一張白紙，以後受到教育，就給他畫上一些「彩色」。這種說法是錯的。因為禮是白色的，人性向善，本來就很美、很純潔的品質，向善再加上「白色」——禮，就使它的美表現出來。這就是孔子的意思，所以禮是白色的。禮並沒有加給人什麼東西，而是人性向善，本來就有它很優美的品質。有適當的禮表達真誠的情感，情感表達出來恰到好處，看起來特別好，就好像「巧笑倩兮，美目盼兮，素以為絢兮」，白色就讓它顯得更加漂亮。所以禮是以後再加上的，代表禮是白色，白色就讓一個人先天向善的優良品質充分表現出來。一個人有真誠的情感，用禮來適當地表達，人性的美感就呈現無遺。

正如《易經》裡面的賁卦，「賁」就是裝飾品，真正的裝飾品到最後是白色的最美。換句話說，真正的裝飾不能靠外表，真正的裝飾要由內而發，你有內在好的品質，外面的裝飾越少，反而越好，這是儒家一個重要的思想，也是中國古代重要的觀念。如果內在的品質不夠好，外面再怎麼裝飾，有什麼用呢？很容易就被人家揭穿了，能跟別人相處嗎？所以儒家講到真正的裝飾，是由內而發，白色就是最好的裝飾。因為白色可以把本來的彩色——內在好的品質——充分表現出來。

由《論語》這段話我們就可以了解孔子為什麼如此稱讚子夏，孔子對顏淵都沒有這樣說過。所以子夏在這方面確實表現不錯，好學深思。我們也通過他向孔子的請教，知道儒家的思想確實是重視人性，人性向善；就好像孔子說的「文質彬彬，然後君子」，都可以配合起來。一般人學了禮儀之後，就好像外表有很多裝飾品，即使你表現得再好，都是沒有根源的。而人性向善，再加上外面合乎禮的表現，才是非常恰當的。所以我們要感謝子夏，因為他的好學，後來也能做很好的老師，他的這些示範，也給我們帶來很大的啟發。

從最基礎的做起

子夏後來的發展，是相當不錯的，和曾參一樣，子夏也是一個善於反省的人。很不幸的是，他的兒子比他早死。兒子死了之後，子夏哭得很傷心，眼睛都哭瞎了，這就是所謂的「西河之痛」。曾參勸他說，兒子死了，眼睛都哭瞎了，父母死了反而沒有如此，這樣的情感豈不是過度了嗎？子夏靜下心來，也承認自己錯了，儘管依然很傷心。

子夏的個性一向是比較溫和、內向的，作為一個好的老師，他教出很多傑出的弟子。但是他的弟子不都是傳儒家的弟子，像田子方、段干木、吳起這些人，都曾受業於子夏。

子夏教書，相對來說，比較保守。在〈子張篇〉裡面有一段話是他和子游的辯論。原文是：子游曰：「子夏之門人小子，當灑掃應對進退，則可矣，抑末也。本之則無，如之何？」子夏聞之，曰：「噫！言游過矣！君子之道，孰先傳焉？孰後倦焉？譬諸草木，區以別矣。君子之道，焉可誣也？有始有卒者，其惟聖人乎！」子游認為，子夏教的學生，對灑水、掃地、接待賓客、進退禮儀方面的事，還可以勝任，不過這些只是末節而已；而做人的根本道理卻沒有學會，怎麼可以呢？這話傳到子夏耳中，子夏就替自己辯護，他說只有聖人才能本末兼顧；而一般人當然要慢慢地從基本的禮儀做起，最基本的沒學好，就立刻教一些道理，難免會好高騖遠。當然這是子夏為自己辯解，但是也可以看出來，子夏對自己的教學方法還是很有自信的。

傳經後世

漢代以來，學者大多認為，儒家的經學最初主要是從子夏一系傳授下來的，如東漢徐昉說過：「《詩》、《書》、《禮》、《樂》，定自孔子；發明章句，始自子夏。」（《後漢書．徐昉傳》）他認為，「六經」中的大部分是來自子夏的傳授。他對我國古代文獻典籍的繼承和傳授有特殊的貢獻。

子夏講述的很多話，引起後代的重視和迴響。譬如朱熹的《近思錄》，包含朱熹很多重要的言論，而「近思」兩字，就是來自子夏說的「博學而篤志，切問而近思，仁在其中矣」。（〈子張篇〉）意思就是說：廣泛學習，同時要堅定志節；懇切發問，同時要就近省思；人生正途就可以找到了。由此可見，子夏很重視每天學習的東西。

另外我們都知道，明末清初的大學者顧炎武寫的《日知錄》，「日知」二字也是來自子夏。〈子張篇〉：子夏曰：「日知其所亡，月無忘其所能，可謂好學也已矣。」子夏所謂的好學，就是每天知道一點過去不懂的東西，每個月再把已經學會的好好復習掌握住，這就叫做好學。顧炎武寫《日知錄》，其意也就是源於此。

好學的秘訣

記得我在美國讀書畢業之前，曾特別請教我的老師余英時先生：「您如此博學，有什麼秘訣？」他告訴我，他從年輕的時候開始，每天晚上睡覺的時候，都要問自己一個問題，今天又過去了，有沒有學到新的東西？如果有，才睡覺；如果沒有，就到書房找一本書看看，發現有一段是過去不懂的，今天看懂了，才願意睡覺。數十年如一日，積累起來，學問就逐漸增長。余英時先生是當代歷史學界重要的代表人物，他的學問就是每天讀讀書，數十年如一日。這就是子夏的建議，每天知道一點以前不懂的東西，每個月再好好複習一下，把過去知道的把握住。這樣才能叫做好學。

關於好學，子夏講過很多次。譬如〈學而篇〉：「賢賢易色，事父母能竭其力，事君能致其身，與朋友交言而有信。雖曰未學，吾必謂之學矣。」（意思是：對待妻子，重視品德而輕忽容貌；侍奉父母，能夠盡心竭力；為君上服務，能夠奮不顧身；與朋友交往，答應的事就守信用。這樣的人，即使他說自己沒有學習過，我也一定說他是學習過了。）子夏所說的是四種人際關係，其一是對待自己的妻子，要重視美德超過美色，這樣一來，家庭就容易和諧；其二，對待父母親要全力去孝順他們；其三，對待國君，即使要犧牲生命都能盡忠；其四，跟朋友交往，要言而有信，說話算話。這也是子夏做人的原則，他認為這樣的人就算沒有受過教育，他也一定說他是受過教育的。這也說明了儒家的思想不能離開人與人之間相對的關係。一個人不管讀多少書，只要是活在人的社會裡，跟別人相處的時候，相互對待之間的言行表現，都要恰到好處。如果做不到這一點，書讀得再多又有什麼用呢？我們經常看到很多人，智商很高，但是情緒智商不夠，就是他與別人相處的時候情緒不能適當地調節。我常想，一個人應該設法在心中裝上幾個「按鈕」，譬如上班，我一按「上班」，馬上變成很好的上班族，跟別人好好相處；回家看到父母親，一按，我就是好的子女；如果成家了，一按，看到自己的家人，我是好的父親、好的母親。這就是情緒的調節。在子夏所講的這一段話中，我們平常講的五倫，除了「兄弟」這一倫，其他每一倫都提到了，這充分說明人際關係的原則，在於「我」要真誠，隨著角色的變化而有不同的要求。

我常常強調人性向善，在這裡就借子夏這位學生的例子，經過他的示範來談一談何謂「擇善固執」，也就是考慮三點：內心自我要真誠、對方期許要溝通、社會規範要遵守。這三點我在其他地方已經作過詳細的說明，這裡也就不再重複。我所要說的是：人生為什麼困難呢？因為你選擇什麼是善的時候，不知衡量的標準何在。所以我們要把儒家的思想，引申到實際生活中，我們跟任何人來往，第一步，要很真誠地面對，真誠代表我對你的感情有幾分，我願意用多少力量來幫助你，完成你對我的要求，我願意做多少事，來讓你滿意。這時的感情就有差別。譬如我父母要我做任何事，我都做，但是鄰居老伯要我做任何事，我不可能都做，我只能幫到一定程度。否則，別人叫你做任何事，你都做，最後疲於奔命，自己的父母反而沒照顧好。所以一個人的真誠一定要衡量自己與別人相處的時候，有幾分感情就表達到適當的分寸、適當的程度。第二步，對方的期許，這個人對我有什麼要求，要求太多，我做不到，做不到就說做不到，不能勉強；如果做不到還要做，勉強就有後遺症。人與人之間為什麼有很多恩恩怨怨呢？就因為開始的時候有所勉強。譬如，我對你只有三分感情，我努力說，說了四分，努力做，做了五分，因此，我就會對你有更多回報的要求，我要求你回報得更多，你也不見得做得到，最後就變成互相責怪、互相抱怨。所以我們跟別人相處，你到底對他（她）有什麼要求呢？要考慮清楚。如果沒有期許就不會有抱怨，但是人與人相處，當然會有期許，怎麼可能說認識以後，沒有一種互相的關懷呢？期許和關懷是連在一起的。第三步，社會規範是適合大家的，基本上是作為一個消極條件，只要不違背，就可以了。所以，我們只要做到使這三步達到一種平衡狀態，與人相處自然沒有問題。為什麼人活在世界上，要自我約束呢？因為自我約束（包括情感方面）才能夠適當分配。情感貴在真誠，但是同時也不能夠漫無限制，誰不希望對別人好？但你有多少時間呢？有多少力氣呢？有多少精神呢？你要對每一個人都好，到最後你自己也吃不消；你對每一個人都很好，有些人受寵若驚，有些人會覺得你對他還不夠好。所以儒家就會強調，在真誠的時候，如何加上理性的溝通，注意對方的要求，這樣才能使儒家的思想落實在我們的生活經驗裡，提供給每一個人重要的參考。

不做小人儒

子夏的書讀得好，也是很好的老師，教出很多傑出的弟子。但他對於儒家的思想領悟得不夠準確。〈雍也篇〉中說：子謂子夏曰：「女（汝）為君子儒，無為小人儒。」在此，「儒」是古代老師的一種名稱，也可譯為學者。意思就是：孔子要子夏做個氣度恢弘的學者，不要做個志趣褊狹的學者。孔子如此勸導子夏，說明子夏有時恐怕過於保守。子游批評子夏教學生只教灑掃、應對、進退之類。後來子張也批評子夏。〈子張篇〉中說，子夏的學生向子張請教交友之道。子張就反問：「子夏說了些什麼？」這位學生回答：「子夏說：『可者與之，其不可者拒之（值得交往的，才與他交往；不值得交往的，就拒絕他）。』」子張說：「我所聽到的與此不同。君子尊敬才德卓越的人，也接納一般大眾；稱讚行善的人，也同情未能行善的人（『君子尊賢而容眾，嘉善而矜不能』）。我若是才德卓越，對什麼人不能接納？我若是才德不卓越，別人將會拒絕我，我又憑什麼去拒絕別人？」從這兩個人的對照可以看得出來，子張確實是比子夏高明，子夏太保守。子夏交朋友的時候，能交的就交，不能交的就不理對方。而子張是「尊賢而容眾」，傑出的人要包容眾人。如果別人已經很好了，你跟他交往，他也不見得需要你；但是別人很差的時候，正好需要你做朋友來指導。可見，子張說的話聽起來是比較有道理，而子夏因為太保守，顯得格局很小。所以孔子勸子夏說不要做小人儒。

我們都知道小人跟君子的對比有很多方式，其中之一就是，「小人」是小孩子，身體長大，跟大人一樣，但是志向不夠或者生命內在沒有轉化；「君子」就是隨著生命成長不斷地立志，志向高，以至於一直往上發展。所以我們學儒家，對於小人、君子要有清楚的觀念。每一個人生下來都是小孩子，小孩子就是小人，但是隨著身體的長大，一定要立志，立志讓自己成為君子。我在介紹儒家的時候，往往會把君子這個詞當作動名詞，就好像不把「仁」字當作名詞，而是當作動名詞，說明行仁的要求是一輩子都在的，永遠不能達到真正的完美，真正的完美是在你這一生結束的時候才能夠判斷的。同樣，君子是一個動名詞，代表我要成為君子，而不是說我是君子，那就已經完成了，沒有那回事。君子基本上也是一個動名詞，它是慢慢在發展，代表有一個方向。知道我要從有我到無我，從利己到利他，能夠讓自己的生命越來越開闊。所以孔子希望子夏做個君子儒，而不要只做個小人儒。

從子夏教學生灑掃、應對、進退可知，他的格局稍微小了一點，但是他也知道自己不是像孔子這樣偉大的學者，所以他說，能夠做到本末兼顧，全面教育的，就是聖人，像孔子這樣的人。子夏一輩子很安分，老老實實教他的書。但是孔子的期許更高，因為教書不只是教書，我們常說「經師易得，人師難求」，還要教學生怎麼做人。教他做人的時候，老師本身就要作為示範。

結論：由學而教

從子夏的各種表現我們可以知道，因為子夏的好學，他先是好學生，後來變成老師。我們可以再往上提升，他做為孔子的學生，不只是學習一般生活的行為規範，還要往上提升理想。一個讀書人要高尚其志，讓自己的志向往上效法與學習。你不能夠大其心，如何體天下之物呢？所以宋朝學者很喜歡強調，讀書就要設法大其心，要心胸開闊，才能夠了解天下萬物與自我之間的關係。

向曾參學習勤奮

曾子曰：「士不可以不弘毅，任重而道遠。仁以為己任，不亦重乎？死而後已，不亦遠乎？」

——《論語．泰伯篇》

曾參，字子輿，魯國人，小孔子四十六歲，是孔子一個很有名的學生。說到曾參，我們都知道孔子有很多學生，其中有好幾對是父子檔。曾參的父親曾點（即曾晳）也是孔子的學生，曾點是非常瀟灑的人，而曾參非常老實，父子兩人的個性、才華可說是完全不同。曾點在《論語》中只出現一次，但是這一次就足以驚天動地。

狂者其父

孔子經常和學生們談論志向，有一次和四個學生談論各自的志向。哪四個呢？就是子路、冉有、公西華以及曾點。子路是第一個說的，他要當一個軍事家，讓他負責一國的軍事，別的國家對他無可奈何。冉有要做政治家，他很謙虛，他說一個小國家交給他來負責，可以做得不錯。公西華想當外交家。由他們的志向可知這三個學生都是標準的讀書人，因為古代讀書人的出路就是希望能夠從政做官為百姓服務。軍事家、政治家、外交家，聽起來冠冕堂皇，都是很好的志向。曾點在做什麼呢？當別人談話的時候，曾點在彈瑟，有點像是負責背景音樂，讓整個氣氛顯得比較柔和，展現特殊品味。孔子就問，曾點，你的志向如何？

這一段描得非常生動：鼓瑟希，鏗爾，舍瑟而作。（〈先進篇〉）曾點彈瑟的聲音漸稀，然後「鏗」的一聲，把瑟推開站起來。他說他的志向和前面幾位同學不同：「莫春者，春服既成，冠者五六人，童子六七人，浴乎沂，風乎舞雩，詠而歸。」就是說：暮春三月時，春天的衣服早就穿上了，我陪同五六個成年人，六七個小孩子，到沂水邊洗洗澡，在舞雩臺上吹吹風，然後一路唱著歌回家。乍聽之下，這哪像志向啊？別人都是要做些具體的工作，他卻是洗洗澡、吹吹風，一邊唱歌一邊回家。但他講完之後，孔子居然長歎一聲說：「我欣賞曾點的志向。」為什麼？因為曾點的志向配合天時、地利、人和，正所謂就地取材、自得其樂。「天時」就是當你在春天，就不要想夏天、秋天、冬天，要活在當下。「地利」就是你靠近沂水，有舞雩台，就不要想去長江、黃河。「人和」就是五六個大人、六七個小孩，不必非要很多人，浩浩蕩蕩才出門。所以天時、地利、人和配合起來，在任何時候、任何階段都可以過得快樂。人活在世界上，是要活得快樂的。有志向很好，但要等別人給你機會。如果別人不給，你想從政，可能一輩子也不可得。如果像曾點一樣，每天都會過得很開心。所以孔子才會說「吾與點也」，我欣賞曾點的志向。

曾點的志向說出來之後，孔子的反應這麼好，他自己恐怕也很意外。後面還有一段描述，顯示曾點仍然有待提升。當孔子說完「我欣賞曾點的志向」之後，前面三位同學立刻離開教室了，可能他們知道自己的回答不及格，因為老師只說曾點很好。三位同學離開之後，曾點就乘勝追擊，他問：「老師，剛剛子路講完，您為什麼笑一笑呢？」孔子說：「治理國家要靠禮儀，但是子路說話一點都不客氣，所以我笑笑他。」他再問：「冉有說的那個國家是不是很小啊？」孔子說：「冉有說小，那是他客氣，他當然可以治理大國。」他繼續問：「公西華說願意做一個小司儀，志向是否很小？」孔子說：「公西華是小的司儀，誰可以當大的司儀？」換句話說，孔子對其他學生都有所肯定，不過同學們離開之後，由曾點的提問就能發現他的局限。

一百多年之後的孟子說，孔子教導學生交朋友，有三種人可供選擇，最好的選擇「中行者」。「中行者」就是言行適中，合乎中庸的人；但是這種人很少。退而求其次找「狂者」，狂者進取，志向很高。孟子舉誰做例子呢？就是曾點，因為他開口就說「古之人，古之人」，以古人作為他效法的模範，但是他做不到。第三種叫做「狷者」，狷者有所不為。所以我常把一個人的教育分為三個階段：一個人受教育，第一步就要懂得有所不為，對於沒有格調和水準的事，不去做。因為你既然受教育，就懂得何謂高標準。第二步才是進取，除了有些事有所不為之外，還要往上提升。最理想的情況是第三步，能夠言行適當。可見曾點被孟子稱為狂者，也是有原因的。

孝順始終如一

孔子教學生有一個規矩，十五歲以上他才收。曾參在十五六歲的時候，孔子已經六十二歲了，正在周遊列國，曾參的父親就叫他到楚國去拜孔子為師。我們都知道，曾參很孝順。剛開始，他的孝順很幼稚，後來就表現得越來越精彩，慢慢進步，曾參的勤奮學習，在孝順方面最明顯。

剛開始，曾參很喜歡向同學說他最孝順，因為父親曾點打他，他從不跑。這話傳到孔子耳中，認為這不太好，把曾參找來問話：「曾參，你父親打你，你都不跑嗎？」曾參回答說：「是啊，我最孝順了。」孔子說這樣不對。曾參嚇了一跳，難道應該要跑嗎？孔子說：「也不能跑。」曾參有點糊塗了。孔子告訴他：「你父親打你的時候，要看他拿的棍子是粗還是細；如果是粗棍子，你就跑，萬一父親不小心把你打傷，別人會笑他把兒子給打傷了，這樣你就太不孝順了；

如果是細的棍子，就讓他打，反正是輕微的皮肉之傷。」這就是所謂的「大杖則逃，小杖則受」，但是對曾參來說，挨打的時候判斷棍子粗細的標準何在？可能有點困難，有時候會掙扎，掙扎的時候來不及了，立刻先挨一頓打。可見，曾參年輕時真的是很可愛，很老實。畢竟他父親曾點是一個狂者，脾氣顯然不太好，所以他小時候吃了很多苦，但是他最孝順，而且很用心。在孟子所寫的資料中，能夠找到他表現最好的地方。

孟子提到曾參的孝順，有幾段非常好的故事，在《孟子》書中都有詳細記載。《孟子．盡心上》說，曾點喜歡吃羊棗，曾參因而不忍吃羊棗。孟子的學生公孫丑請教說：「烤肉與羊棗，哪一樣好吃？」孟子說：「烤肉呀！」公孫丑說：「那麼曾參為什麼吃烤肉而不吃羊棗？」孟子說：「烤肉是大家都喜歡的，而羊棗是曾點獨有的嗜好。就像避諱時只避名不避姓，因為姓是很多人共用的，而名是一個人獨有的。」由此可見，曾參的孝順可謂用心至深。

另外在《孟子．離婁上》說，曾參奉養他的父親曾點時，每餐一定有酒有肉。撤除食物時，一定要請示剩下的給誰；父親問有沒有多餘的，他一定說「有」。父親曾點死後，曾參的兒子曾元奉養曾參，每餐也必定有酒有肉。但是撤除食物時，不再請示剩餘的給誰；曾參問有沒有多餘的，他就說「沒有了」，收起來準備留到下一頓再給父親吃。所以孟子說，像曾參那樣，才可稱為奉養父親的心意。侍奉父母做到像他那樣，就可以了。可見，曾參自己是很孝順，但他並沒有把兒子教得和他一樣孝順，父子三代下來，每況愈下。這就是孟子寫的關於曾參孝順的兩段故事。

讀了孟子寫的這兩個故事，真令人深受感動，曾參實在是非常用心。父親喜歡吃羊棗，自己就不吃，一顆都不吃，讓父親儘量多吃；父親吃完酒菜，剩下的想給別人，做做好事，曾參儘量滿足父親。曾參的孝順是天下皆知，甚至連莊子都承認曾參是最孝順的。《莊子．寓言》中說：曾子再仕而心再化，曰：「吾及親仕，三釜而心樂；後仕，三千鍾而不洎，吾心悲。」也就是說，曾參年輕的時候做官，所得到的薪水只有三釜（釜是古代一個計算單位，即六斗四升），而後來卻是三千鍾（六斛四斗），待遇前後相差高達一萬倍。為什麼待遇差的時候很快樂，待遇好反而難過呢？因為待遇差時和父母在一起，可以努力讓父母親吃飽喝足；但是後來做了大官，賺的錢是以前的一萬倍，父母不在了，錢賺得多有什麼用呢？這就是曾參，他對父母的孝順之心極深。

更離奇的是，曾參有一次在田裡工作，家中來了客人，母親想留住客人和曾參談談話，怎麼辦呢？母親就用左手捏右手，捏得很痛，曾參在田裡覺得自己的手很痛，就知道母親叫他回家，立刻跑回家。這就是我們所謂的「心電感應」，但你必須真的很孝順，才能有與父母心意相通的感應，像曾參這樣，才會有一些神奇的事情發生。

勤能補拙

關於對曾參的評價，孔子說過：「參也魯。」「魯」代表老實、遲鈍，反應比較慢，用現在的話來說，就是智商稍微差一點。所以孔子教學的時候，就特別拿他做例子。

〈里仁篇〉記載：子曰：「參乎！吾道一以貫之。」曾子曰：「唯。」子出，門人問曰：「何謂也？」曾子曰：「夫子之道，忠恕而已矣。」孔子為什麼說「吾道一以貫之」呢？這句話有一個背景，子貢是孔子學生中口才很好的，口才好的人很聰明，但很喜歡批評別人，他甚至批評孔子，說孔子是廣泛學習各種材料，記憶力不錯，記下來之後上課教學生的。這話傳到孔子耳中，孔子當然不開心，子貢如此聰明的學生居然不了解他，以為自己只是個教書匠。所以孔子上課時就說：子貢，你以為我是「多學而識之」（〈衛靈公篇〉）嗎？子貢知道有人告密，只好回答：「是啊，難道不是嗎？」孔子說：「非也，予一以貫之」。「非也」二字的口氣很嚴厲，也就是說，你錯了，我有一個中心思想把我的學說全部連貫起來。這就是哲學家，哲學家一定有中心思想，如果沒有中心思想，這兒學一點，那兒學一點，難道是圖書館嗎？可見，一個哲學家可以把自己的思想和學說連貫起來，變成一個系統，融會貫通。

子貢沒有接著請教孔子的「一以貫之」之道，這是最可惜的事。子貢本來應該接著問，老師，您說的「一以貫之」，何謂也？這樣孔子就能夠發揮了，但是子貢跑掉了。所以孔子心中有些難過，他想利用上課的機會好好教一教，他找誰來教呢？曾參。曾參年紀那麼小，又特別笨，孔子認為他一定不懂自己的一貫之道。子貢算是學長了，比曾參大十五歲，而子貢又是聰明的學生，他都不懂，別的學生怎麼可能懂呢？當然顏淵可能是懂的，但是顏淵很少說話。孔子說「吾道一以貫之」，他本來希望曾參說「何謂也」，結果曾參不知道哪一根筋不對，就回答說「是的」。孔子嚇了一跳，反應很激烈，立刻離開教室（子出）：你都懂了，我還教什麼呢？結果孔子一走，「悲劇」就發生了，別的同學圍過來問曾參：「何謂也？」這不是悲劇嗎？「何謂也」三個字應該是曾參請教孔子，不要忘記，在眾多學生裡面，曾參的年紀幾乎是最小的，比他更年輕的只有子張。看到眾多的學長們爭相請教，曾參難免有點得意，馬上回答：「夫子之道，忠恕而已矣。」很明顯，這句話只是代表曾參個人的體驗，並不等於孔子的一貫之道。

曾參是一個勤奮向學的年輕人，他就是一直努力，最後才有傑出的成就。《中庸》裡說得好：「人一能之，己百之；人十能之，己千之。果能此道矣，雖愚必明，雖柔必強。」就是說別人讀一遍就會了，我讀一百遍；別人讀十遍就會了，我讀一千遍。如果按照這種方法，雖然愚笨，但是到最後都領悟了。這是學習的一種秘訣，沒有什麼速成的方法。曾參後來不是了解孔子的一貫之道了嗎？〈泰伯篇〉說：曾子曰：「士不可以不弘毅，任重而道遠。仁以為己任，不亦重乎？死而後已，不亦遠乎？」意思就是說：讀書人不能沒有恢弘的氣度與剛毅的性格，因為他承擔重任而路途遙遠。以行仁為自己的責任，這個擔子還不沉重嗎？直到死時才停下腳步，這個路程還不遙遠嗎？由此可見，曾參終究還是了解了孔子的一貫之道：行仁的「仁」就是標準答案。所以曾參那時只講「忠恕」的話，只是強調跟別人相處而已，格局太小；而講行仁，可以殺身成仁，到死為止。曾參的確了不起，他由年輕階段的愚笨一路發展至傳承孔子的學問，就是因為他勤奮向學，終於可以把握到孔子的一貫之道。

曾參曾說：「吾日三省吾身：為人謀而不忠乎？與朋友交而不信乎？傳不習乎？」這三句話出自〈學而篇〉，意思是說，曾參每天經常自我反省：第一，為別人做事，有沒有盡心盡力？第二，與朋友交往，有沒有守信用？第三，自己傳授學生道理，有沒有印證練習？第三句話為什麼說是他自己教學生？因為此時曾參已經為人師了。這三句話有其順序，先是談到別人（應指上司），接著談到朋友，然後及於學生。曾參經常反省，目的是要求在「人與人之間」扮演好自己的每一個角色，這樣才能改善自己，以至於走在人生正途（仁）上，向著至善的目標前進。

重視孝順的推廣

上文提到，曾參為人極其孝順。但是，他重視孝順不僅在自身，更大的希望是在社會上有很好的效果。〈學而篇〉記載：「慎終追遠，民德歸厚矣。」「慎終」的意思是謹慎辦好父母的喪事，「追遠」就是虔誠地祭祀祖先。一個人如果能做到這兩件事，整個社會風氣自然會敦厚。何謂敦厚？就是每一個人都感覺生命是源遠流長的，跟別人來往的時候就比較厚道，就會想到，上有先祖，下有子孫。不會只看現在，與別人競爭或勾心鬥角。

一生唯謹慎小心

在《論語》中，最明顯的地方是在〈泰伯篇〉裡：曾子有疾，召門弟子曰：「啟予足！啟予手！《詩》云：『戰戰兢兢，如臨深淵，如履薄冰。』而今而後，吾知免夫！小子。」曾參年紀大了，生病了，眼見自己快不行了，就把他的學生召集到家中，說：「看看我的腳，看看我的手！《詩經》上說：『戰戰兢兢啊，好像走在深淵旁邊，好像走在薄冰上面。』直到現在，我才敢說自己可以免於毀傷了。同學們記住啊！」曾參為什麼講這段話呢？因為古代的刑罰非常嚴厲、殘酷，動不動就砍手斷腳，傷損肢體。現在曾參讓學生們知道他的手腳都很好，就是說他這一生沒有犯法，沒有受到法律的懲罰；而另一方面，身體髮膚受之父母，不可損傷，我們得之於父母的身體，要好好保護，但是更重要的是，一個人得之於父母的生命，要從事德行的修養，要做得越來越好，成為一個德行卓越的人。接著就是你這一生都要戰戰兢兢，好像碰到深淵、走到懸崖邊、踩在薄的冰上面，所以我們這一生都要謹慎小心。

一個人如果不是很聰明，那麼平常他最好謹慎一點。西方哲學談到一個人的德行修養，第一就是明智，第二是勇敢，第三是節制，第四是正義。這也是古希臘時代的四大美德。何謂明智？聰明加上謹慎，就是明智。也就是說，光是聰明還不夠，謹慎才代表你真的明智。否則，你很聰明，但是亂說話、做事不小心，造成很多後遺症。所以謹慎兩個字是必要的，你絕不能只是明智而不謹慎，言行要配合。曾參正因為能夠非常謹慎，自我約束，他才可能有這麼好的表現。

一般認為，曾參是傳《大學》、作《孝經》的，對儒家的思想發展有很大的貢獻。《大學》特別強調「慎獨」，就是說人獨處時特別謹慎。用曾參的話來講，就是「十目所視，十手所指」（《大學》），意思是說，我一個人在房間裡面，就好像有十隻手指著我，十隻眼睛看著我。一個人在房間裡，旁邊五個人看著，當然要循規蹈矩了。正所謂「君子不欺暗室」，在一個黑的房間裡面，沒有人認識你，你依然不能自我欺騙。如果你在獨處的時候胡作非為，怎麼保證你和別人相處時不會露出馬腳？千萬不要以為可以騙得過天下人，畢竟沒有人可以完全瞞住別人。你心裡想得很隱秘，到時候就會顯示出來。

「十目所視，十手所指」，這是曾參的慎獨方法。平常我們做事情都需要有方法，才能夠達到某種要求。我們講方法的時候，就好像曾參說的，我一個人在房間裡，好像有十隻眼睛看著我，十隻手指著我一樣。也就是你不需要別人告訴你，自己心裡有數，畢竟通常最了解自己的就是你自己。我們常常以為別人不知道，其實天知、地知，還有自己知，再加上古人相信鬼神，鬼神也知道。在《中庸》裡提到，一個人的內心是否真誠，就用鬼神來證明。鬼神是另類世界的，不受人間的限制，了解世間所有的一切，所以內心是否真誠，是不能夠騙人的。曾參能夠提到「十目所視，十手所指」來說明「慎獨」，可見他的修養確實很特別。

自我反省的力量

有時候很多人談儒家，喜歡把儒家的重點放在人際關係上，對別人很有禮貌，與別人相處很愉快，大家迎來送往很客氣。其實不只是如此，如果你沒有從內心針對自己的真誠去反省、修養，怎麼可能一路表現非常理想呢？到一個時候你就很容易疲倦，不想再堅持一些原則。所以儒家的生命力，不在於表現在外，而是內在如何加強自身修養。內在的自我修養可以借助於天地神明，借助於內心真誠的自覺，也可以把它想像成很多人在旁邊看著我。

今天是一個「針孔」（即針孔攝影機）的時代，隨時都有個針孔看著你。西方有一句很調皮的話，很刺耳：「上帝死了，所以來了狗仔隊。」為什麼呢？因為上帝無所不知，狗仔隊也無所不知。當然這是開玩笑的話。我們有時候談這些經典，要和西方、現代來對照，對照之後才知道，原來很多人都希望別人不了解他私底下做的事，其實不可能。

一個人往往得意忘形，在得意的時候還是會透露出一些秘密。

所以曾參的修養就從小地方下手，這也形成儒家修養重要的一部分，對自己要求非常嚴格，這樣才能教學生。孟子曾經提到關於勇敢的判斷，就引述了曾參的話。在《孟子．公孫丑上》談到三種勇敢。第一種勇敢我們稱作「勇於對抗」，代表人物是北宮黝，「惡聲至，必反之」。第二種勇敢我們稱作「勇於自我要求」，代表人物是孟施舍，善於使用心理戰術，可謂他的精神勝利法，也可以說是內心的一種自信。第三種勇敢是真正的勇敢，孟子特別引述曾參的話，而曾參是引述孔子的話：「自反而不縮，雖褐寬博，吾不惴焉？自反而縮，雖千萬人吾往矣。」真正的勇敢是我跟別人相處發生各種衝突，要勇於自我反省，發現自己錯了，即使我面對的是平常的老百姓，我能夠不害怕嗎？我反省自己，發現自己站得住，我是對的，那麼即使面對千人萬人，我照樣向前走去。這種魄力來自於道義，這種道義是因為人與人相處，一定有是非善惡，如果反省我自己，發現我自己是對的，我就不要怕，即使外面很多人或者天下人都反對我，我照樣向前走去。為什麼這句話很深刻呢？因為可能整個社會或者天下人都腐化了，這個時候，你對抗天下人，就不要害怕。如果你只是為了和諧而保持和諧，很可能變成鄉愿、好好先生，為了不引起衝突，妥協一下，那怎麼叫儒家呢？這段話的意義為什麼特別重要？因為儒家的思想有一種思考的模式，就是把自己與「天」聯繫起來，像孔子「五十而知天命」，孟子也是一樣，他認為天要治好天下，「當今之世舍我其誰」？「天」是前提條件，天如果不想把天下治好，我再努力也沒用，代表時不我予。

由此可知，這種道德自我反省的力量是很重要的，讓人感覺生命永遠有向上提升的機會，並且永遠有向上提升的必要。孔子本人「三十而立，四十而不惑，五十而知天命……」一路上去，孔子的學生個個都努力上進，感覺生命永遠有向上的要求，今天比昨天好，明天比今天更好。那是一種德行的修養，從真誠引發行善的力量，不斷地行善，讓自己的人格越來越趨於完美，而完美是沒有止境的。

結論：承先啟後

我們要特別學習曾參的勤奮努力。他小的時候並不聰明，孔子說他「魯」，比較魯鈍，但他後來一路上去，居然可以成為傳播儒家思想最為重要的代表，可以傳《大學》、作《孝經》，把孔子的思想發揮得很好，後來到了子思與接著的孟子，更能看出曾參功不可沒，對整個儒家的發展是非常重要的。

向冉有學習做官

子適衛，冉有僕。子曰：「庶矣哉！」冉有曰：「既庶矣，又何加焉？」曰：「富之。」曰：「既富矣，又何加焉？」曰：「教之。」

——《論語．子路篇》

冉有，原名冉求，字子有，小孔子二十九歲。列名政事科。說到冉有，很多人都覺得特別陌生，他是孔子在中年時代所收的弟子。冉有是很有本事的人，在政事科裡他列第一，子路列第二。

孔子的學生中，冉有確實是很特別的。孔子曾用一個字來評價他——「藝」，多才多藝。冉有確實多才多藝。我們向他學習什麼呢？學習做官。很多人講，每個人不見得都做官，何必向他學習呢？其實我們身處這個社會，在社會上與別人相處總是有上下對待的關係，就連在學校也都有助教、講師。學習冉有，不管正面反面，我們都可以得到參考。畢竟孔子的學生不見得每個人都是聖人，有時候是從他們的反面來看，冉有在很多地方提供了反面教材，反面的教訓就值得想為官者學習，但這並不妨礙他作為孔子弟子的重要角色。

為官的尷尬處境：鳴鼓而攻之

有人問孔子，冉有能不能做官？孔子說，冉有多才多藝，沒什麼問題。但是多才多藝只是代表一種能力，不見得代表能堅持原則。因為冉有對於原則的把握有點困難。

孔子晚年周遊列國準備回魯國，當時執政的是季康子，季康子的父親是季桓子，季桓子曾經請孔子做到魯國平民所能抵達最高的位置——行攝相事，相當於現在的代理行政院長。後來由於魯定公接受齊國送來的好禮，就不理孔子了，孔子只好辭官不就，周遊列國。所以孔子離開之後，季桓子就受到批評，季桓子過世時，就囑咐季康子，一定要請孔子回來。他說，一定要重用孔子，否則會被天下諸侯恥笑。季桓子在世的時候沒能繼續重用孔子，於是要求季康子重用孔子。季康子執政時只有二十五歲，孔子周遊列國回到魯國，年已高邁，所以季康子就請孔子的學生冉有作家臣。孔子晚年回國時當了國家顧問，他的學生冉有就當了季氏職位最高的家臣。那冉有做得好不好呢？並不好。有好幾件事情讓孔子煩惱。

其一，見於〈八佾篇〉。當時山東有泰山，只有諸侯可到泰山上去祭祀，而魯國的季氏非諸侯，只是一個正卿，他也要去。季氏在魯國的權勢比國君還要大，他也被孔子批評過好幾次，因為曾經在他們家祖先的宗廟之前行八佾之舞，受到孔子嚴厲的批評。古代只有天子祭祀時有八佾之舞，天子八佾，諸侯六佾，而季氏只是一卿大夫，執政的大臣，行八佾之舞，自然違背當時的禮儀。孔子看了很難過，因為孔子很看重禮，無禮將荒廢社會秩序。所以季氏行八佾之舞，孔子就說：「是可忍也，孰不可忍也。」但是季氏權力很大，他也是莫可奈何。

後來季氏就濫用他的權力，他的家族一路發展都有不良的記錄，而孔子的學生冉有擋不住季氏的權威。季氏將去祭祀泰山。孔子對冉有說：「你不能阻止他嗎？」冉有回答：「不能。」孔子說：「嗚呼，難道你們認為泰山之神不像林放一樣懂得禮嗎？」因為林放曾請教孔子，什麼是禮之本，孔子回答很簡單：與其外表奢華鋪張，不如簡陋一點。譬如喪禮是禮當中比較重要的，你只重視外表，還不如內心哀戚。可見，孔子特別重視內心的情感要真誠，所以孔子說泰山的神比不上一個學生嗎？你的作為有違你的禮數，神會生氣的。

其二，見於〈季氏篇〉。這一次的情況更嚴重了，因為季氏準備攻打魯國的屬國顓臾。冉有和子路都是政事科的兩大弟子，同為季氏家臣。孔子說，你們不能勸阻你們的主人嗎？他們說，勸阻不了。孔子很難過，說你們替別人做事，要幫助別人走上正道。孔子想得很天真、很幼稚。以為自己的學生沒有盡力勸阻，如果不能幫助你的老闆把事做好，那你們到底在幹什麼。做官能夠發揮理想，要用正道來服侍你的長官，做不到的話就辭職，這是孔子的態度。找工作不容易，辭職很容易。辭職之後怎麼辦呢？很多人就說我現在做得不是很好，但如果換別人做，說不定更壞。有這種想法的話，可能就會妥協了。當然古代的想法我們很難猜測，孔子認為冉有這個學生，才幹沒有問題，但是他比較內向、比較懦弱。

關於冉有和子路做官的問題，從一件小事可以看出來。有一次冉有和子路向孔子請教如何從政，子路問：「聽到該做的事要立刻做嗎？」孔子說：「不行，有父親與兄長在，你要想好再做，有各種後患你防不了。」那麼冉有問他：「聽到該做的事立刻就做嗎？」孔子說：「可以，立刻去做。」一個是不行，不能立刻就做，一個是立刻就做。孔子說子路這個人太強，個性太積極，所以要他緩慢一點；冉有這個學生個性太懦弱、太內向，所以要推他一把。從這裡可以看出來，冉有做事很多時候是順從長官的意思，他實在沒有魄力跟長官抗衡。作為一個忠臣跟長官對立，進行忠言逆耳之舉措，他做不到，所以孔子對這個學生越來越失望。

其三，見於〈先進篇〉。這一次更令孔子失望了，好像關係都要破裂了。〈先進篇〉記載：季氏富於周公（指魯君），而求也為之聚斂而附益之。子曰：「非吾徒也。小子鳴鼓而攻之可也。」季氏原本就是很有錢的，財富超過了魯君。冉有當他的家臣之後，幫他增加稅收，讓季氏的財富更多了。所以孔子非常生氣，就說：「各位同學，冉有不是我們的同道，我們可以敲鑼打鼓去批評他。」此所謂「鳴鼓而攻之」，老師叫學生敲鑼打鼓去批評老同學，確實很傷感情，但是我們還是要理解，孔子有他的原則。

一個學生，他當然不可能事事讓孔子滿意，因為學生就業之後有他的考慮，拿人錢財，與人消災，當然是幫他的長官做事了；但是你不能沒有原則，在古代讀書人做官的目的就是造福百姓，孔子首先開始的平民教育是讓老百姓受教育。在〈先進篇〉裡提到，一般百姓是先學習了禮樂再做官，而貴族是先有官位再學習禮樂。因為貴族子弟與百姓不一樣，貴族子弟生下來就有官位，所以那時有兩種官員，就是先學習禮樂再去做官的和有了官位再學習禮樂的。孔子說，如果讓我用人才，我用第一種人，因為他是有專長和能力再來做官的。冉有就是這種人，他本來也是老百姓。

孔子為什麼難過呢？我們也可由此得知。一個人身為百姓，好不容易學習了禮樂，有了專長出來做官，要用自己的能力來幫助老百姓，讓他們過得比較快樂，讓天下人因為自己的努力而改變他們的生活，這是儒家的基本立場。很顯然，冉有的作為違背了孔子的初衷。如果每個人都只顧自己，何必從政做官呢？可見，孔子的想法很清楚，雖然做起來很辛苦，甚至吃力不討好，但這是儒家從人性論發展下來的，這種觀點是不容否認的，他們的做法對社會的效果是正面的，如果力行下去，必將造福天下老百姓。

非大臣之道

冉有與公西華是很好的朋友。有一次公西華代表魯國出使齊國，冉有負責當時的財政。於是他向孔子報告，公西華當大使，要到齊國去，能不能替他母親申請一些小米？孔子認為不需要，因為公西華家裡很有錢。冉有說，他需要一點。孔子說：「好吧，給他兩斗四升。」冉有說：「再多給一點吧。」孔子說：「好吧，再給他六斗四升。」結果冉有回去給了他八百斗。八百斗是當時一年的薪水，事實上，公西華作為大使出國再回來也沒多久，而冉有給了他一年的待遇。孔子有意見了，他說，公西華到齊國去，乘著肥馬，穿很輕的棉袍。孔子反對的原因是，儒家的原則應該是要救濟別人的急難，雪中送炭，而不是錦上添花。但是冉有卻逮住機會給好朋友好處，有假公濟私的嫌疑。可見，冉有這個學生，雖說多才多藝，但有時候手段太複雜。

季氏在國內動兵，冉有沒有辦法去勸阻，反而替他增加稅收；季氏要去泰山祭祀，違反了當時的禮儀，冉有也無法諫阻。孔子對冉有的偏差作為，可謂諄諄告誡。而冉有的表現讓孔子相當失望，但他只能說說而已，畢竟一個人做學生的時候可能很純潔，從政之後有他的考慮，變化自然難免。

有一次，季氏子弟中有人請教孔子，子路與冉有這兩人能不能算是大臣？此事見於〈先進篇〉：季子然問：「仲由、冉有可謂大臣與？」子曰：「吾以子為異之問，曾由與求之問。所謂大臣者，以道事君，不可則止。今由與求也，可謂具臣矣。」曰：「然則從之者與？」子曰：「弒父與君，亦不從也。」孔子說，這兩個人不能算大臣，只能算是具臣。也就是說，這兩人只是有專業能力的臣子，你可以把實際事務交給他們，譬如冉有負責財政、子路負責軍事；但是這兩人不能是大臣。因為大臣的標準是八個字：「以道事君，不可則止。」不過，孔子認為，冉有與子路也不是唯命是從的人，遇到長官殺父親與殺君主的事，他們也不會順從的。

由此可知，做官不是人生的目的，做官是為了實現人生的理想。如果做官不能照顧百姓，不能夠使國君走上正道，那寧可不做。這是儒家兩千多年以來一貫的原則，但是在孔子的第一代弟子冉有身上就打了折扣。所以孔子對他要求就特別高，因為他畢竟是自己教出來的學生，是他三千弟子中，列名政事科第一的學生，但是冉有的表現讓孔子不太滿意。所以我們向冉有學習做官，有一部分是反面教材，要以他為戒，如果有其他學生做官也像他一樣，孔子當然會有意見，他也會叫同學們鳴鼓而攻之。

深諳為政之道：教育的重要性

孔子所處的時代已是春秋亂世，魯國更是權分為四，經常有一些內部的鬥爭。而天下大勢並不看好，譬如齊國的陳恒（又名田常）弒君，當時周朝天子已經沒有力量，如果有一個國家的大臣殺了國君，諸侯國就應該聯合出兵來制裁弒君者，孔子身為魯國的國家顧問，當然不能坐視不理，特別去勸說魯哀公，聯合其他諸侯討伐齊國。結果魯哀公說魯國國勢不如齊國，怎麼敢呢？去問三家大夫，但三家自己都想把魯君滅了，怎麼可能去管呢？後來陳恒篡位後，還想出兵來討伐魯國，大概是因為孔子曾經建議討伐齊國。這便是當時的政治情況，所以對孔子來說，他關心的不只是魯國人，而是天下人。但是當時各諸侯國的情況都不太穩定，要去維持整個周朝的秩序更是難上加難。因此，孔子周遊列國，試圖遊說諸侯，他的第一代弟子就有很多人跟隨，冉有也不例外。

〈子路篇〉載：子適衛，冉有僕。子曰：「庶矣哉！」冉有曰：「既庶矣，又何加焉？」曰：「富之。」曰：「既富矣，又何加焉？」曰：「教之。」孔子前往衛國，冉有為他駕車。到了衛國的都城，人很多，孔子就說：「這裡人口眾多啊！」冉有聽到老師這樣講，就趁機問說：「人口眾多之後，接著應該做什麼？」孔子說：「使他們富裕。」這話說明什麼？說明儒家絕對沒有反商情結。很多人提到儒家的時候說他們反對發財，這是不對的。孔子的學生子貢就是做生意發財的。孔子所說的「庶」就是眾多的意思，人口繁殖不用說，而且要「富之」，讓老百姓都發財。只要憑正當的手段累積財富，這是好事情。你勤奮努力讓自己發財，讓自己有安全感，用來教育子女，這也是好事。

接著冉有再問：「那有錢之後呢？」孔子說：「有錢之後就要教育他們。」由此可知，孔子告訴冉有的為政之道分三個階段：庶之、富之、教之。冉有的請教，的確不錯。有人問，教育他們之後還要做什麼？你不能說讓他們升天堂，那是不可能的。孔子是一個哲學家，只能說到教育為止。

人口眾多，讓大家發財，要好好教育他們，這三者之間有沒有邏輯關係?有的。講到邏輯，我們要知道它的發展要有一個目的才能被理解。而這裡的目的是受教育，不在於滿足第一個條件（人口眾多），再滿足第二個條件（發財）。發財的目的是要受教育，受教育不需要很多錢，重要的是你要受教育，因為賺錢的時候想著要受教育，所以要努力工作賺錢，受教育本身才是目的。這樣我們才能理解為什麼做任何事情都要考慮到最後的目的是受教育，人生才有希望。

社會要進步，第一步要人口眾多，第二要發財，第三要受教育。儒家的這種說法在一百多年以後的孟子表達得更透徹。孟子把孔子的思想全盤了解，然後加以發揮。很多人提到孟子，覺得他在幻想，譬如他講仁政，開始就說仁者無敵，打仗的時候誰看你是不是仁者？只看刀槍鋒利不鋒利。如果仔細研究，就會發現他的根據：「無恆產而有恒心者，惟士為能。若民，則無恆產，因無恒心。」（《孟子．梁惠王上》）何謂恒心？這一生努力行善就是恒心，一生堅持下去。為什麼有恒心呢，因為有恆產才會有恒心。如果一個人吃不飽，穿不暖，他如何行善？如果一個人每天吃飽喝足、豐衣足食，就要了解如何做人處事、何謂光榮？何謂恥辱？行善就是光榮，為惡就是恥辱，所以要行善。孟子還強調，人不只是動物，吃得飽飽的，穿得暖暖的，不受教育的話就是禽獸了。孟子完全掌握到了孔子思想的精華，就是一個人有錢吃飽穿暖卻不受教育，就與禽獸差不多，很可惜。

一個人要受什麼教育？現在社會上的教育往往是分工，分為各科各系，分而不合。有些人甚至是讀到博士，越讀越窄。有時候所謂的博士應該叫「窄士」，因為他寫的論文可能世界上只有幾十個人感興趣。因此我們應該把人的生命做一個全方位的考量，做一個人才、人文、人格三方面具備的人。為政者一定要注意引導百姓往這條路上行進。

日本有一個學者寫了一本書叫做《論語與算盤》，這本書曾經在日本很暢銷。《論語》代表講原則、講道義，算盤代表利益。如果光講《論語》，很多人覺得有壓力，不能計較利益；但是光講利益，不談《論語》呢？情況會更糟。人在世界上就要問，如何在兩者之間保持一種平衡？通常我們的思考都是有利己的傾向，這不是壞事。英國一位哲學家講過一段話：「一個人做好事，不見得是為了得到別人的稱讚，但是他沒有必要反對你的稱讚，他只是為了自己安心而去做好事。所以一個人做好事，如果受到別人稱讚，他的目的不是為了稱讚，但是這個稱讚會使他更願意繼續做好事。」英國哲學家層次不是很高，我們學西方哲學的人都知道，英國沒有大哲學家，因為他們比較重視實際的情況，但是講的話也比較實用。德國有很多大家，講的話很高深，高到不知道該做什麼。

在明末清初，西方曾經有很多傳教士來到中國，以利瑪竇為例。四百多年前他來到中國，他是天主教的神父，他來傳教的時候就認識很多中國的學者，他特別寫了一封信給羅馬的教皇，他說我來到中國，中國有很多讀書人很特別，他們並不相信我們的上帝，但是他們有很高的道德水準。這是描寫儒家學者非常標準的一句話。為什麼？因為西方經過天主教的洗禮薰陶一千多年以來，很多人都有一種基本的觀念，認為宗教是道德的基礎，換句話說，一個人為什麼做好人，因為他信仰上帝，上帝無所不知，你做好事上帝會看到的。將來你生命結束的時候，上帝會給你賞善罰惡。所以宗教作為道德的基礎，在西方已經成了常識。因此他們到中國的時候發現，中國的讀書人並不像他們一樣相信上帝無所不在、無所不能，但照樣做好事。他們不知道我們中國的讀書人讀過《大學》、《中庸》，有兩個很重要的字，就是「慎獨」，就是你能不能做到不畏懼自己獨處，如果你心中常常想到有神明，你尊重自己的人格，不能只是表現給人看，這時自然會有高尚的言行。所以西方的傳教士看到我們的讀書人，都非常佩服。

其實，儒家思想強調人行善不是為了報應，也不是為了稱讚，而是純粹的由內而發。一個人為什麼行善？第一是社會規範，社會希望你行善，共同促使社會安定。但是社會規範一旦瓦解，束縛力沒有了，怎麼辦呢？第二是信仰宗教，不管你信何種宗教，宗教的戒律都會約束你，宗教的戒律一定比法律更嚴格地要求你。但是前面兩種都有問題，因為每個人信的宗教未必一樣。所以還有第三條路，叫做要守住自己的良知。儒家的教育就是啟發每一個人的良知，讓每一個人知道內心有良知的要求，行善不是為了別的，而是因為自己是一個人，這樣人格的尊嚴就完全確立了。但是我們特別要強調最後一點，一方面要有良知；另一方面要遵守社會的規範，要守法而重禮，如果你有緣接受某一種宗教，也是好事，宗教也是勸人為善。但是儒家的根本在於承禮啟仁，真誠與良知才是行善最大的動力。

結論：自我教育

以上是我們所談的儒家思想，是要藉著冉有這個學生的作為引申說明。這個學生多才多藝，跟孔子一樣，但是冉有內向懦弱，不能勸他的上司季氏改善，他做不到這一點。所以孔子讓學生去批評他。今天我們該如何堅持儒家的選擇？要在教育上下功夫，真正的教育不是教育別人，而是教育自己。現在的時代非常開放、自由，只要你願意接受教育，就有很多機會。我們在介紹冉有的時候，特別引申談到有關道德的實踐，主體的確立，肯定人格的尊嚴，那麼你將來在社會上不管碰到什麼樣的同事、老闆或領導，都可以把握自己的原則。

向冉雍學習德行

仲弓問子桑伯子。子曰：「可也簡。」仲弓曰：「居敬而行簡，以臨其民，不亦可乎？居簡而行簡，無乃大簡乎？」子曰：「雍之言然。」

——《論語．雍也篇》

孔子有三千弟子，他只公開推薦一位學生，說他可以面向南方，治理百姓。（子曰：「雍也，可使南面。」——〈雍也篇〉）古代所謂的面向南方只有三種人有資格，第一是天子，第二是諸侯，第三是諸侯國的正卿，也就是所謂的相國或宰相。具有這種資格的學生就是冉雍。冉雍是誰呢？冉雍，字仲弓。魯國人，小孔子二十九歲。列名於德行科。我們比較熟悉的名字是仲弓。德行科有四位學生上榜，第一是顏淵，第二是閔子騫，第三是冉伯牛，第四才是仲弓。孔子說仲弓可以面向南方，治理百姓，說明德行好的人，從政做官肯定沒有問題。因為一個社會要發展，一定要靠德行，讓人與人都有共同的追求目標，這個目標就是善，這樣社會才能夠永續發展。

閔子騫與冉伯牛

說到仲弓（冉雍），同樣列名於德行科的有四位，我們要大略介紹閔子騫與冉伯牛，因為這麼好的學生不能錯過。

說到閔子騫，很多人大概聽過他小時候的故事，他是「二十四孝」中的一位。閔子騫幼年時母親過世，父親娶了後母，又生了兩個弟弟。到冬天的時候，父親叫他拉車，拉不動，父親用皮鞭打他，打下去之後衣服裂開，裡面露出稻草。父親非常生氣，說怎麼可以虐待前妻所生的孩子呢？後母自己的兩個兒子穿著棉襖，閔子騫的棉襖裡是稻草。於是父親就想把後母休掉。閔子騫說了一句千古之下仍令人感動的話：「母在一子寒，母去三子單。」母親在的話，只有他一個人會寒冷，母親一旦離開，三個兒子連他在內都會很孤單。如此孝順的孩子，我們可以想像，他的德行當然頗有可觀之處。〈先進篇〉中，孔子說：「孝哉閔子騫！人不間於其父母昆弟之言。」閔子騫真是孝順，別人都不質疑他父母兄弟稱讚他的話。一般人說自己家人好，別人聽了都會打折扣，但只有閔子騫不會，任何人都知道他很孝順，所以他家人說他的好話，大家都接受。這是閔子騫有名的故事，百善孝為先。

閔子騫做官有一個特色，就是有潔癖。意即上級長官不好，要他做官，他也不做。當時魯國的政治勢力分為四大部分，最有權力的是季氏，季氏想派閔子騫擔任費邑的縣長。閔子騫對傳達的人說：「好好地替我辭掉吧！如果再有人來找我，我一定逃到汶水以北去。」他寧願離開魯國，也不願做官。居然有人怕做官，以致要逃亡。這與閔子騫的個性有關，因為他認為季氏本身不好，不忠於魯君，也不能夠鞏固國家的統一。如果他幫季氏，對魯國反而不是一件好事。可見，他的考慮是全方位的。

還有一次，魯國國君想要擴建倉庫，閔子騫就說何必擴建呢？倉庫擴建代表要增加稅收，還不如照顧百姓，何必急著讓國家增加一些稅收或是一些財物呢？所以孔子聽到閔子騫的話，就說：「夫人不言，言必有中。」（〈先進篇〉）閔子騫這個人不說則已，一說就可以擊中要害，他說一個國家需要照顧百姓，而不是擴充國庫。有關閔子騫的故事在《論語》中就這麼幾段，如果真的要把他當作一個專題介紹，就要找很多稗官野史等材料來說，還不一定可靠。

另一位冉伯牛，就更可憐了。《論語》裡只有一段話，說冉伯牛病得很嚴重，以致孔子去看他的時候，沒有進房間，從窗戶拉他的手（恐怕是一種傳染病，不能接觸的）。孔子拉他的手之後就說，我們要失去這位同學了，這麼好的人有這麼壞的病，這是命啊！孔子很少談到命。聽到「命」字，我們就要想到兩方面，第一是命運，一個人生下來有什麼遭遇，在什麼家庭成長，遇到什麼老師、朋友，不是你可以選擇的，這種命無可奈何。但是人活在世界上絕對不是只有命而已，除了命運之外還有使命。使命是自己選擇的，人活在世界上要能主動的思考、主動的選擇，選定一個目標往前奮鬥。即使不能改變世界，也要改變自己。自己改變，世界在某個程度上也在改變。所以冉伯牛病重，孔子的話語表達出對命運的無奈。德行科四個學生，顏淵四十歲就過世了，孔子說他「不幸短命死矣」，人生在世有些事情是無奈的，只有接受它、了解它，不要被它所限制。不能因為命不長，修德也白修，反正最後也沒有機會出來為社會服務，不如享受算了，過一天算一天。我們只能盡其在我。顏淵和冉伯牛很可惜，壽命不長，否則對儒家思想的傳揚與社會的服務，一定會有很好的表現。

冉伯牛一出場就是重病，閔子騫本身又有潔癖，不願意跟壞人合作，到最後只剩仲弓了。孔子說「雍也，可使南面」，可以讓他面向南方，擔任一個國家的宰相。為什麼如此說呢？

出身低微

仲弓的背景並不好，據說他的父親是非常平凡的人，有人說卑微貧賤。但孔子認為貧賤不是問題，他也說自己小時候非常貧賤，在社會上地位很低。孔子提到仲弓出身卑微時，特意用比喻來說明。古代的人說話喜歡用比喻，用比喻比較有深刻的味道，你可以不斷地思考與回味。

這件事記載在〈雍也篇〉中：子謂仲弓，曰：「犁牛之子騂且角，雖欲勿用，山川其舍諸？」意思就是說：孔子談到仲弓時，說：「耕牛的後代，長著紅色的毛與整齊的角，就算不想用它來祭祀，山川之神難道會捨棄它嗎？」古時候祭祀都要選擇最好的牛、最好的豬，孔子這樣說並非真的拿牛來祭祀，而是說像仲弓這樣的人才，雖然出身非常貧賤，但是他的德行表現非常好，他不出來做官，怎麼對得起老百姓呢？國家不應該錯過這樣的人才。也就是說長著紅色的毛與整齊的角的牛，即使我們不用它來祭祀，山川的神也不會放過這麼好的祭品。可見，孔子對仲弓非常肯定，即使他出身低微。好漢不怕出身低，歹竹出好筍，在仲弓身上得到驗證，他的德行是大家公認的。

修德行善　永不停止

仲弓的口才並不好，於是就有人說仲弓「仁而不佞」，有仁德，但是口才不好。別人認為這是一個很大的問題，孔子則不以為然，他回答的時候很有趣：「焉用佞？禦人以口給，屢憎於人。不知其仁，焉用佞？」（〈公冶長篇〉）意思是說：何必需要口才善巧？以伶俐口才與別人爭論，常常引起別人的厭惡。我不知道他是不是行仁，但是何必需要口才善巧？

平常我們很討厭有些人口齒伶俐，怎麼說他都對，孔子很討厭這種人。如果仲弓口才不好，就否定他，是不對的。孔子就認為口才不一定要好，真誠才是做人首務。但是為什麼孔子又說不知道仲弓是否合乎仁德呢？仲弓列名於德行科第四，他的仁德好不好呢？孔子也不敢肯定。因為在《論語》中孔子從未稱讚過活著的人合乎仁的要求，可見孔子對仁的要求很高，他自己都說：「若聖與仁，則吾豈敢？」（〈述而篇〉）為什麼困難呢？因為孔子把「仁」這個字當作一個動名詞，就是「仁」並非完成的狀態，而是正在進行的狀態。一個人活在世界上，一輩子都在不斷地行仁，只要活著就不可能停止。只要活著，就有更高的目標去奮鬥。孔子自己也表現得很清楚，「三十而立，四十而不惑，五十而知天命，六十而（耳）順，七十而從心所欲不逾矩」，假設孔子可以活到八九十歲，他肯定還有更高的目標，我們對儒家這種更高的目標千萬不要懷疑。

在《論語》中有時候看不到這些記載，但是隔了一百多年出現孟子，孟子是最能夠發揮孔子思想的人，這也要怪罪於孔子的學生，他們不太喜歡著述傳世。《孟子》中提到一句話：「大而化之之謂聖，聖而不可知之之謂神。」「不可知之」就是儒家最精彩的地方。一個人活在世界上，出生的時候很平凡，到底人和人有什麼差別呢？差別就在於強調修德行善，到最後可以達到不可知之，即無法了解的、出神入化的境界。對佛教有研究的人都知道，佛教喜歡談最高的境界——不可思議的境界。所謂的「不可思議」就是你無法去想像的，因為人在想像的時候使用概念，概念來自生活經驗。生活經驗都是相對的，我看到什麼我就可以說它是什麼，但是我想像不到的東西呢？那就太高深了。由此可知，孔子從來不會說哪個學生合乎行仁，「仁」這個概念很難了解，非常複雜。

孔子常常談到「仁」，學生也常問什麼是「仁」，孔子給每個人的答案都不一樣。考試的時候也不知道該怎麼寫，因為沒有標準答案。當很多人都在猜測什麼是仁的時候，孔子從來沒有說哪個學生合乎行仁。當時執政的官員問孔子：「子路算是合乎行仁嗎？」孔子說我不知道。孔子不說不是，只說我不知道。因為行仁是個人的事情，這個最高的目標、最完美的境界不是一般人可以達到的。如果別人再問「子路可以從政嗎」或者說「從政有什麼問題呢」，孔子肯定會說，子路非常果決，從政沒有問題，做官沒有問題。此人再問孔子，子貢有沒有達到行仁的標準呢？孔子也說我不知道。別人再問他可以從政嗎？子貢那麼通達，從政沒有問題。再問，冉有呢？冉有在政治領域是傑出的學生，那他合乎行仁的要求嗎？孔子說我也不知道，但是他多才多藝，所以從政沒有問題。所以要從事政治，一般人只要有專長就可以，但是達到「行仁」的標準是整個人格的轉化，整個生命的完成，那就不容易了。所以孔子從來沒有公開稱讚過哪個學生合乎行仁。即使是仲弓，可以面向南方治理百姓，但是孔子也說不知道他是否合乎行仁的要求。可見，儒家是強調真誠以及實事求是的，何必一定要口才好呢？光是口才好，像宰我喜歡辯論、子貢喜歡說話，有時候有些話說得也不見得適當。

所以德行是根本，它不牽扯到任何條件，只要是一個人，就可以培養德行，實現人性的要求，最後表現出來的生命是走向圓滿，並且能夠過得快樂。凡是人都有兩種考慮：你過得快樂嗎？生命在不斷走向圓滿嗎？儒家對這兩個問題都有很清楚的答案，你如果接受儒家的思想，確實可以肯定這樣的效果。所以我們談到仲弓的時候，特別強調有關他行仁方面的要求。

為官之道

仲弓後來做官，孔子也大力推薦他當季氏的家臣。〈子路篇〉記載：仲弓為季氏宰，問政。子曰：「先有司，赦小過，舉賢才。」曰：「焉知賢才而舉之？」子曰：「舉爾所知；爾所不知，人其舍諸？」應該怎樣做官呢？孔子講了三點，這三點是每一個做官的人都要去思考的。你如果從政的話，就要想一想孔子告訴仲弓的三句話。

第一，「先有司」，先責成各級官員任事，自己率先去做。「有司」代表各級官員。我們常常講身先士卒或者以身作則，這樣整個單位自然而然朝著你的方向去走。光叫別人做，自己不做，底下的人難免會想：苦勞是我們的，功勞是長官的。

第二，「赦小過」，不計較他們的小過失。如果部下有小的過失，一定要赦免。當一個長官最怕對部下的過失念念不忘，如果部下犯了一件錯，終其一生都沒希望了。人難免犯錯，所以你看到別人有錯，就要給他機會改過，事實上一個人能夠改過，他的心態就很可貴。為什麼？因為他懂得謙卑，他懂得體諒別人的痛苦，這樣的人在政府機關服務，對老百姓說不定更有服務的心願。

說到「赦小過」，我想起一段故事，記載於《莊子．徐無鬼》。對於管仲，孔子是很肯定的。而管仲能夠成為齊相，好朋友鮑叔牙的推薦起了很大作用。因為管仲本來是齊桓公的政敵，是敵對的一方，但齊桓公還是接受了鮑叔牙的建議，讓管仲當宰相。隔了很多年，管仲年紀大了，生病了，眼看就不行了。齊桓公就問他：「仲父，萬一不幸的話，找誰來接你的位置呢？」管仲說：「國君以為如何？」齊桓公說：「你看鮑叔牙怎麼樣？」這一問明顯多餘，鮑叔牙要當宰相早就當了，何必等到這時候呢？但是管仲反對。鮑叔牙是推薦管仲當宰相的人，管仲現在自己當了半輩子，還是反對鮑叔牙當宰相。齊桓公覺得不可思議，問他怎麼回事？管仲說：「鮑叔牙有一個缺點，他只要知道別人的過失，終身不忘記，這是很可怕的事情。」就是說，鮑叔牙當宰相的話，他只要看到你的過失，永遠不忘記，看到你就想到你的過失，那誰受得了？像孔子稱讚過的伯夷、叔齊這兩位賢者，「不念舊惡，怨是用希」，伯夷、叔齊不會記得別人過去所犯的過錯，所以別人對他們的抱怨越來越少。因此，我們要懂得原諒別人，體諒別人，每一個人犯錯或犯法都有他不得已的情況，也許是他經不起誘惑，但是你不能以自己的標準來衡量。可見，儒家是對自己要求嚴格，對別人儘量寬厚，因為每一個人情況不同。

所以孔子希望仲弓可以做到「赦小過」，小的過失不要太在意。仲弓確實也做到了，因為後來子貢描寫仲弓：「在貧如客，使其臣如借，不遷怒，不深怨，不錄舊罪，是冉雍之行也。」（《禮記》）其一，仲弓雖然很窮，但是他在家中和客人一樣。什麼意思？就是不在乎家裡窮，到朋友家做客，看到朋友家很有錢，不會羨慕；看到朋友家很窮，也不會太在意。仲弓可以做到像客人一樣，不放在心上。這一點跟顏淵很接近。其二，他吩咐部下做事的時候，好像跟他借東西一樣，非常客氣。我們平常向別人借錢，語氣真是委婉得很。但仲弓是長官，長官吩咐部下好像借錢一樣客氣。為什麼呢？因為他懂得自己身先士卒，我先做，你看著就跟著做，我自己還沒有做到，叫你做的時候，我就要小心注意到你的感受，注意到你是不是願意去做。其三，不轉移自己的憤怒。和顏淵一樣，與張三吵了架，不會去怪李四。其四，不會加深怨恨。人與人相處一定會有怨恨。假設我現在有十個很好的屬下，我要提拔一個就得罪九個人，這是很麻煩的事情。其五，對於過去的罪過不要記下來。可見，子貢對仲弓這位同學觀察之深，我們也由此肯定他確實做到了孔子對他的期許，就是所謂的「先有司，赦小過」。那麼第三句話是什麼呢？

第三，「舉賢人」，要推舉傑出的人才。仲弓就問，我怎麼知道誰是傑出的人才並且推舉他呢？天下人那麼多，今天如果負責政治的話，我推舉誰呢？孔子的回答非常切合實際的生活經驗，孔子說推舉你認識的人。因為不只有你一個人做官，各國都有，你把自己國家裡面認識的人才推舉出來，你不認識的人如果是人才，自然有別人推舉他。但這句話有其後遺症，後代的人很喜歡說「一人得道，雞犬升天」，與這個有關。因為孔子說「舉爾所知」，推舉你認識的人。譬如說我教書，教了好幾個學生，如果我以後做官了，這些學生就有福氣了，因為他們是我認識的。別人要來的話，因為不認識，不太放心，要給他別的機會慢慢去檢驗。這合乎人之常情，我們有時候看到別人做官，把自己的一些學生子弟、親朋故舊統統帶上來，認為這個人任用私人，不太公平。但你不要忘記，要是換了你做官，你會怎麼辦呢？你做官難道都用不認識的人嗎？我們也知道「內舉不避親，外舉不避仇」，所以你要有非常開放的心胸，先任用你認識的人才，然後別人推薦其他人時，你再去任用。這就是儒家的思想。

以下九個字可以作為所有政府官員的座右銘：「先有司，赦小過，舉賢才」。但是「舉賢才」特別要留意，除了你認識的人才之外，還要接納其他人所推薦的或經過高等考試表現傑出的人才，都要給他們機會。政治不是一個人的事情，政治是大家的事情，當然就要選賢與能，出來為百姓服務，這才是國家上軌道的方法。以仲弓做例子的話，德行是根本，有了這個根本，不管是從事政治還是其他方面的事情，都會順理成章。

仲弓問仁

關於學生「問仁」，孔子的回答也是因材施教，一個學生越傑出，孔子的回答越精彩。所以仲弓問仁，孔子說的話就得注意了。〈顏淵篇〉記載：仲弓問仁。子曰：「出門如見大賓，使民如承大祭。己所不欲，勿施於人。在邦無怨，在家無怨。」仲弓曰：「雍雖不敏，請事斯語矣。」這其中有我們很熟悉的「己所不欲，勿施於人」。我們把這三段話分析一下，就可以了解孔子對這個好學生的期許是如何。

第一，「出門如見大賓」，走出家門，像是去接待重要賓客。出門的時候，就要好像接見大的賓客，譬如外國派使節來，你一出門的時候就要擺出接見使節的樣子。這一點我們倒可以理解。但是每天看到老百姓或者和同僚們見面，有什麼好擔心的？為什麼要如此莊重呢？既然要治理百姓，就要非常莊重，隨時保持高度的警覺。因為你面對百姓的時候，一定要自己本身非常莊重，讓百姓感覺到你做官有做官的樣子，讓百姓放心，百姓跟你走，就會覺得你穩重、可靠。

「使民如承大祭」，使喚百姓，像是去承辦重要的祭典。古人把祭祀看得非常重要，諸如天子祭天、諸侯祭山川、一般老百姓祭祖先。讓老百姓做事就好像奉行祭典，古時候老百姓有什麼事呢？一般來說，如果沒有戰爭，就要服勞役，服勞役的大部分是青壯年，這時使喚老百姓就要非常謹慎，要選擇適當的季節，譬如春耕、夏耘、秋收時節就要避開，不然此時讓老百姓去築長城、開溝渠，就錯過了農作物耕作的時間，將來就沒有收成。所以往往要選擇適當的時候讓老百姓去服勞役，非常謹慎，好像在進行大的祭祀。

由上可見，「出門如見大賓，使民如承大祭」這句話就讓人感覺到，一個政府官員的責任是多麼神聖。

第二，「己所不欲，勿施於人。」一個人要修養德行，就從這句話開始：我不願意別人怎麼對我，我就不要怎麼對別人。進一步分析這句話，我跟別人是平等的，是互相對待的，我如果對別人不好，憑什麼要別人對我好呢？但是天下每一個人都希望別人對他好，那你為什麼不設法也對別人這麼好呢？通常我們在發生許多事情的時候都會想：是不是有人故意害我？故意整我？有人對我不滿意？但是不要忘記，相對的，我們要問自己：我做到了多少？做得好不好？可見修養德行就得從自我約束開始。孔子也說過，因為自我約束而在言行上有什麼過失，那是很少見的。一個人自我約束，他說話就會給別人留餘地，做事就會有分寸，這樣的人在人際相處時肯定是沒有問題的。

第三，「在邦無怨，在家無怨。」在古代，諸侯有國，大夫有家。我在一國之中做事，老百姓都不會抱怨；我在一個大夫之家做事，老百姓也不會抱怨。因為古代大夫有封地，有封地就有老百姓。孔子希望仲弓能夠做到，這種表現值得所有準備為百姓服務的人去思考的，並且它的基礎在於德行，德行好的話，其他的表現要隨條件而定，因為人不能選擇一定要做官，一定要做什麼事。我們可以有個人的志向，但是選擇職業不見得要隨心所欲，不見得可以心想事成，所以德行是一個最根本的基礎。

我們談到仲弓這個學生的時候，材料雖然很少，但是孔子所說的話，雖然簡單，但他對仲弓的期許是非常深刻的。行仁是一個動態的過程，所以孔子從來不說哪個學生或者哪一個還活著的人合乎行仁。孔子口中能夠達到行仁標準的，在《論語》裡只有六個人：微子、箕子、比干、伯夷、叔齊，還有管仲。而管仲情況比較特殊，因為他的行仁是表現在效果上，他一個人可以造福天下人，而他只是齊國的宰相，等於是他做了好事，效果擴延到整個天下。這就給我們一種啟發，個人修德永遠沒有完美的時候，但如果在一個角色或位置上，你希望把它做得完美，讓你的職位產生的效果遠遠超過它所規定的範圍，這麼一來，每個人都做超越他的職位所要求的善的行為，這個社會怎麼會不好呢？

結論：荀子的推崇

最後我們用荀子的話來總結，談到荀子就比較複雜。荀子認為自己接到孔子的真傳，但是一般認為，孟子掌握得比較準確，因為他把孔子的仁掌握住了；而荀子認為他掌握到禮。但是掌握禮，只是外在的行為規範，對孔子來說，那是次要的，最根本的是仁。我們不能否認，荀子很有學問，而且荀子對仲弓的評價特別高。荀子說過一段話，他說：「聖人能夠得勢的，是舜跟禹；聖人不能得勢的，是孔子跟仲弓。」荀子把仲弓與孔子並列，這是很不容易的事情。荀子認為仲弓可以做到聖人的境界，可惜我們今天材料太少，我相信荀子一定看到很多材料，知道仲弓的各種傑出表現。對於仲弓這位德行科的高材生，我們也順便介紹了閔子騫與冉伯牛，他們同屬於德行科的學生，而仲弓本人在政治方面，那只是他德行的一種表現而已，最主要的是我們可以從他那裡學到如何修德。

向子貢學習說話

子貢曰：「貧而無諂，富而無驕，何如？」子曰：「可也。未若貧而樂道，富而好禮者也。」子貢曰：「《詩》云：『如切如磋，如琢如磨。』其斯之謂與？」子曰：「賜也，始可與言《詩》已矣！告諸往而知來者。」

——《論語．學而篇》

子貢，原名端木賜，字子貢，衛國人，小孔子三十一歲。子貢非常聰明，口才很好，但是有個毛病，就是喜歡批評別人。〈憲問篇〉載：子貢方人。子曰：「賜也賢乎哉？夫我則不暇。」（子貢評比別人。孔子對子貢說，子貢啊，你已經很傑出了嗎？我是沒這麼多的空閒的。）在此，孔子也是因材施教，他看到這個學生確實聰明，但老是喜歡比較別人，不懂得自我反省，不懂得自己去修養，這是很可惜的。子曰：「古者言之不出，恥躬之不逮也。」（〈里仁篇〉）孔子的意思是：古代的人說話不輕易出口，因為他們以來不及實踐為可恥。孔子是希望學生先去做到，然後再說；而子貢是屬於說了再做的典型。

子貢的口才在孔子的學生中是特別好的，列名言語科。言語科就是要說話的，說話有什麼條件呢？要學《詩經》。孔子曾對兒子說「不學詩，無以言」（〈季氏篇〉），意思是說不學《詩經》，說話就沒什麼憑藉。也就是說，說話本來很簡單，但是要說得好，有內涵、文雅，才能夠傳之久遠。為什麼孔子要教學生《詩經》、《書經》這些對於言語要求非常高的經典呢？因為古代的政治，往往是要靠說話，譬如外交上有一句話叫「受命不受辭」，國君給你一個命令，他不會教你怎麼說，你接到命令之後，要設法達成任務，那怎麼說呢，你自己想辦法。

所以我們要向子貢學習如何說話。

口才幾經磨練

一個人如果經常喜歡批評別人，有時難免也會出錯。譬如子貢批評別人，最後批評到孔子了。此事載於《衛靈公篇》：子曰：「賜也，女（汝）以予為多學而識之者與？」對曰：「然，非與？」曰：「非也，予一以貫之。」子貢認為孔子沒什麼了不起，只是年紀大，「多學而識之」罷了，書看得很多，記憶力還不錯。此話傳到孔子耳中，當然不開心了，這麼好的學生居然把他說成是「多學而識之」，只是努力學習知識記在腦子中，這不是與書呆子無異嗎？所以孔子在上課時就公開對子貢說：「子貢，你以為我是『多學而識之』嗎？」子貢知道有人告密了，只好承認，他還反問：「難道不是嗎？」孔子的回答引申出他重要的觀念：他是博學多聞，但是他的思想有中心，有一個中心觀念把所有的知識全都連貫起來，變成系統。也就是說，正因為孔子「一以貫之」，才能成為哲學家。否則，光是書讀得好，記得多，充其量只是個教書匠而已。但孔子是一個哲學家，能夠把他的思想連成一個系統。由此可知，子貢的口才開始也需要經過孔子的教誨，只有經過不斷地磨練，才會知道什麼該說，什麼不該說，如何說才是對的。

高明的說話藝術

子貢比孔子小了三十一歲，是孔子中年階段所收的弟子。孔子教子貢，在說話方面特別留意用心。子貢確實也學得不錯，我且舉幾個例子。

其一，〈子罕篇〉記載：子貢曰：「有美玉於斯，韞櫝而藏諸，求善賈而沽諸？」子曰：「沽之哉，沽之哉，我待賈者也。」

在這段話中，子貢大概看到老師一方面很想做官，一方面又感覺到自己有身份，不能夠隨隨便便什麼官都做。所以他就請教老師說：「這裡有一塊美玉，是把它藏在櫃子裡面，還是拿去賣了呢？」他這個比喻算得上一種非常高明的說話藝術。孔子當然聽得懂，他怎麼可能回答美玉在哪裡？孔子知道子貢說的就是他自己，他立刻就回答：「賣了吧，賣了吧，我是在等待識貨的商人！」當時，一個大學者學有所成，當然需要服務社會，但是去哪一國服務呢？就要看國君有沒有眼光，能夠分辨人才。像孔子這樣的人才，可以治國平天下，他當然希望有人賞識他。孔子年輕的時候到過齊國，但被當地的力量所阻止，不讓其任官；而後的魯國一直處在分裂狀態，一直很亂。所以很難找到識貨的「商人」。這就是子貢說話的藝術，不直接問，而是文雅、含蓄地表達自己的意思，當然只有孔子這樣的老師才可以配合。

其二，〈述而篇〉記載：冉有曰：「夫子為衛君乎？」子貢曰：「諾，吾將問之。」入，曰：「伯夷、叔齊何人也？」曰：「古之賢人也。」曰：「怨乎？」曰：「求仁而得仁，又何怨？」出，曰：「夫子不為也。」

孔子在魯國做官並不順利，以致最後不歡而散，周遊列國到了衛國，冉有就想知道孔子願不願意在衛國做官。於是他就問子貢，自己不敢問，因為冉有個性很內向，總怕問了之後，老師不高興。他問子貢：「老師在衛國會不會做官呢？」子貢說：「我來請教老師。」他怎麼說呢？換了我們就會直接問，「老師，您在衛國要不要做官呢？」他不是這樣問，他問孔子：「老師，伯夷、叔齊，是怎麼樣的人？」乍聽之下，這個問題根本是風馬牛不相及。孔子說：「古代的賢人。」子貢再問：「他們兩個會不會抱怨呢？」孔子說：「他們所求的是行仁，也得到了行仁的結果，還抱怨什麼呢？」孔子的回答是什麼意思呢？我們得回到伯夷、叔齊的背景上。

伯夷、叔齊是商朝末年孤竹國國君的兩個公子，這兩人不願意當國君，就逃到西邊去了，到了原屬周朝的地方，正好周武王起來革命，伯夷、叔齊極力反對。周武王還是照舊起來革命，革命成功之後，伯夷、叔齊「義不食周粟」，很講道義，不吃周朝的飯。說實在的，米長什麼樣子，在哪個朝代還不是一樣嗎？但是伯夷、叔齊還是不食，餓死於首陽山。子貢問的就是這個典故。

孔子回答完之後，子貢就沒有說話了，離開教室對冉有說：「老師不會替衛君做事。」各位想想看，子貢太厲害了，同學問老師會不會在衛國做官，他進去完全沒提這件事，只是提一個古代的歷史典故，然後問老師對這個歷史評價如何？老師評價完了，他就出來說老師不會做官。這個學生真的是聰明，因為當時衛國國君衛出公是上任國君衛靈公之孫，太子蒯聵之子。而蒯聵得罪南子，逃往晉國；靈公死後，立其孫為君。晉國送回蒯聵，想乘機侵衛，於是衛國抵抗晉兵，阻止蒯聵回國。這是父子爭國的局面。而伯夷與其弟叔齊為了不當孤竹國的國君而逃走，最後餓死於首陽山。這是兄弟讓國的故事。孔子說他們沒有抱怨什麼，則表示孔子不會認同衛國目前的局面，自然不會介入幫助了。可見，子貢的高明之處，也就是他的口才好在什麼地方呢？他能夠了解孔子的心意。

深諳老師個性

孔子帶著學生周遊列國有一個習慣，到了每一國都要跟那國的大臣好好談一談，了解該國最重要的政務，以致學生覺得老師太關心政治了。〈學而篇〉記載：子禽問於子貢曰：「夫子至於是邦也，必聞其政，求之與？抑與之與？」子貢曰：「夫子溫、良、恭、儉、讓以得之。夫子之求之也，其諸異乎人之求之與！」子禽問子貢：「老師到每一國，都要問每一國的政治情況，這是怎麼回事呢？」子貢就說出一段精彩的話，這段話正好代表了學生對老師的了解。「溫、良、恭、儉、讓」這五個字是子貢對孔子性格的描述，能夠「溫、良、恭、儉、讓」代表一個人的素養相當好。這人不太發脾氣，又很客氣，很多事情都有自己的主張，但是不會囂張，他到各國去請教各種政治的情況，別人也很樂意跟他談，因為他不會隨便出主意，他只會給你適當的參考。這就是子貢對老師的一個描述。

另外一次，正值吳越之爭，子貢有機會跟這幾國的國君、大臣來往。吳國的大宰向子貢詢問：「孔先生是一位聖人吧？他為何有這麼多才幹呢？」這句話就說明當時已經有很多人認為孔子是聖人。子貢怎麼回答？子貢當然毫不客氣：「固天縱之將聖，又多能也。」（〈子罕篇〉）也就是說，這是天要讓我們老師成為聖人，並且具有多方面的才幹。這就是子貢的回答。這個對答後來傳到孔子的耳中，孔子就說了一句話，千古以來，不知令多少人感動：「吾少也賤，故多能鄙事。君子多乎哉？不多也。」像孔子這麼偉大的人，別人已經說他是聖人了，但他還說自己小時候家裡貧窮、卑微，所以會做各種瑣碎的事情。譬如現在的會計，另外幫別人辦喪事，孔子更是在行，他甚至以這個作為他的基本收入來源。

為人通達

子貢的言語表現可圈可點，他遇到顏淵就必須讓一步了。〈公冶長篇〉記載：子謂子貢曰：「女（汝）與回也孰愈？」對曰：「賜也何敢望回？回也聞一以知十，賜也聞一以知二。」子曰：「弗如也，吾與女（汝）弗如也。」跟顏淵相比較，誰比較傑出？這話一聽就知道該如何回答，誰能與顏淵比呢？子貢非常謙虛，說自己大概比得上顏淵的五分之一。對子貢的回答，孔子很滿意，孔子說：「你的確比不上顏淵，我與你都比不上顏淵。」此時孔子把為師的風範表現出來了，正如：「弟子不必不如師，師不必賢於弟子。」這說明孔子對學生顏淵肯定的同時，也對子貢加以肯定，因為子貢雖然很聰明，但也有自知之明。

有一次子貢要到外地去，就向孔子請教說：能不能給一個字，讓我當座右銘。正如現在很多年輕的學生畢業時向老師要臨別贈言。孔子只說了一個字：「恕」。然後引出他的一句名言：「己所不欲，勿施於人」。「恕」字就代表「我不願意別人怎麼對我，我就不這樣對待別人」，也就是將心比心，替別人設想，互相尊重。這八個字就成為孔子思想的標籤，但是我們不要忘記，這八個字的出現，是子貢提的問題引出來的。

子貢常聽孔子提到仁者多麼偉大，於是就問：「如有博施於民而能濟眾，何如？可謂仁乎？」（〈雍也篇〉）就是廣泛地照顧百姓，又能夠幫助百姓，這樣算不算做到仁的要求呢？孔子聽了子貢的說法，很高興地說：「何事於仁！必也聖乎！堯舜其猶病諸！夫仁者，己欲立而立人，己欲達而達人。能近取譬，可謂仁之方也已。」孔子說這何止於行仁呢？已經算是成聖了！為什麼？聖人可以照顧天下的百姓，連堯舜都不見得做得到。「己欲立而立人，己欲達而達人」與前面的「己所不欲，勿施於人」就聯繫起來了，前者說不要對別人做你自己不想碰到的事；後者就說，你要立足，就要幫助別人立足，你要通達，就要幫助別人通達。前面是自我約束，後面是把人我的關係推己及人，就像孟子說的「老吾老以及人之老，幼吾幼以及人之幼」。

這兩段話都是跟子貢有關，可見子貢的口才、思想能夠讓孔子願意跟他講這麼多重要的觀念，讓他可以對孔子的學說更加了解。子貢後來可以從政，就因為他通達，所以對許多事情能夠明白，知道許多人情世故，知道任何事情該如何發展進行。

亦師亦友

子貢年輕的時候家境貧窮，後來便去做生意。當時做牛意需要得到官府的特許狀，但是春秋時代末期，天下開始亂了，很多規矩都沒有人管了，子貢一看有機會，反正很多人都沒有特許狀，就去做生意。

〈先進篇〉說：子曰：「回也其庶乎，屢空。賜不受命，而貨殖焉，億（臆）則屢中。」孔子說：「回的修養已經差不多了，可是常常窮得一文不名。賜不受官府之命所約束，自行經營生意，猜測漲跌常常很準。」「億則屢中」這四個字真是精彩，就好像現在子貢猜哪一支股票漲，哪一支股票就漲。這就是子貢，他一猜就猜中。說到哲學家做生意，子貢在孔子的學生中是第一位。司馬遷後來寫《史記．貨殖列傳》就是從《論語》這句話來的，「貨殖」後來就成為做生意的代表。每一次都猜中，什麼會漲，什麼會跌，子貢當然發財。

子貢發財之後，就請教孔子一個問題，這個問題就很值得我們思考：「貧而無諂，富而無驕，何如？」（〈學而篇〉）一個人貧窮而不諂媚，富有而不驕傲，這樣如何？這是很難做到的，貧窮的人，人窮志短，看到有錢人自然流露出諂媚的神色，希望別人分一點什麼好處給他；而人一有錢，財大氣粗，就很容易驕傲了。孔子怎麼回答呢？子曰：「可也。未若貧而樂道，富而好禮者也。」孔子說：「還可以。但是比不上貧窮而樂於行道，富有而崇尚禮儀的人。」孔子的回答精彩在什麼地方？學生說「貧窮不要諂媚，富有不要驕傲」，只是「不要」，「不要」代表消極；而做老師說，貧窮要以道為樂，富有要能夠喜歡禮儀。這是變消極為積極，更進一步了。孔子回答之後，本來就可以下課了，但是子貢接著問：「《詩》云：『如切如磋，如琢如磨。』其斯之謂與？」（意思是：《詩經》上說：「就像修整骨角與玉石，要不斷切磋琢磨，精益求精。」這就是您所說的意思吧？）子貢在這時特別引《詩經》這句話與孔子的教導剛好配合，孔子很高興，這代表什麼？精益求精。「貧窮不要諂媚」已經不錯了，更好的是貧窮還能夠樂道，以道為樂，這樣切磋琢磨，精益求精。所以孔子非常高興，他就說：「子貢啊，現在可以與你討論《詩經》了！告訴你一件事，你可以自行發揮，領悟另一件事。」也就是說，孔子說一件事，子貢可以想像將來情況的發展。這也說明，作為一個老師，在教學生的時候，都希望學生自己反省，有了心得，然後有不同的想法，與老師一起討論、切磋、琢磨。所以古人常常講「亦師亦友」，師友之間就是這個情況。孔子和子貢之間就是如此。

善於發揮

在孔子的學生中，子貢還有一點非常特別，就是他特別注意老師的思想往哪裡發展。我們看《論語》就會發現，孔子每一次談到「天」的時候，旁邊通常會有子貢。但是，子貢對於天的理解還是覺得疑惑。〈公治長篇〉載：子貢曰：「夫子之文章，可得而聞也；夫子之言性與天道，不可得而聞也。」也就是說，老師（孔子）在文獻與修養方面的成就，我們有機會可以聽到；老師關於人性與天道的說法，我們就沒有機會聽到了。

後代的孟子發揮孔子的人性論，《易傳》發揮孔子的天道論，就是配合子貢的這句話：「夫子之言性與天道，不可得而聞也。」人性與天道沒有辦法了解，然而人活在世界上，就是要了解這兩方面。你看到一個人做了很多事，你就很希望知道這個人到底是什麼樣的本性。我們常說「知人知面不知心」，講一個人可以這樣講，那普遍的呢？什麼是人性？如果你對人性不了解，如何去判斷人類社會的諸多現象呢？一個社會需要什麼樣的規範？你怎麼判斷呢？儒家的思想最重要的就是了解人性。每一個學派都一樣，你不了解人性，你對人類社會的規劃難免會出問題。何謂天道？天代表整個宇宙，是最大的力量。大的規則是什麼？天道運行的規律是什麼？子貢的這句話就說明他很想深刻地了解。

有一次孔子大概心情不好，對子貢說：「我想不再說話了。」子貢說：「老師如果不說話，那麼我們學生要傳述什麼呢？」孔子說：「天何言哉？四時行焉，百物生焉，天何言哉？」（〈陽貨篇〉）這句話是很深的感歎：「天說了什麼啊？四季照樣在運行，萬物照樣在生長，天說了什麼啊？」說明什麼？說明天也沒說話，我何必說那麼多呢？說再多，天下還是那麼亂。也就是說，我教你們，也不可能讓天下立刻改善，所以我覺得說再多也沒有用。天不用說話，也有這樣的效果：春夏秋冬四時照樣在運行，宇宙萬物照樣在生長。這又說明，很多事情有它發展的趨勢，就讓它自然而然地發展吧。

然而人活在世界上有時候很無奈，你不能選擇時代，你也不能選擇生存的社會，那你怎麼能接受這一切呢？你接受的時候，可能有抱負、有理想，想要去改善，你會怎麼做呢？你怎麼知道你做了會有效果呢？這是儒家的問題。難怪有人稱孔子是「知其不可而為之者也」，明明知道不能實現這個理想，還是要做。但是另一方面，天地之間各種自然萬物的運行變化是有規律的，很多事情水到渠成，如果一定要說我們這一群人很有理想，我們是儒家的學派，我們要改善社會，還是要看條件是否成熟。譬如這幾年正好很多人對國學有興趣了，這時談國學才有意思。如果早十年談這些，根本沒有人理睬，兩千多年前的東西，有什麼好聽呢？很多人就錯過了。所以孔子後來感歎沒有人了解他，這是可以理解的。

尊師重道

孔子說沒有人了解他，我們能想像這是什麼意思嗎？他有三千弟子，精通六藝者七十二人，但沒有一個人了解他。這可能有兩個情況：第一，學生不用功；第二，孔子太神秘了，講了半天都講了很奇怪的東西。學生在背後討論老師是不是有些秘訣，好像武俠小說中的高手暗藏絕招。孔子說話了，他說：「各位同學，我沒有任何隱藏，我的任何言行表現都在你們面前，你們天天跟著我，知道我在說什麼，我沒有什麼隱藏。」由此可見，孔子說的什麼話，做的什麼事，孔子心裡想的，學生們不了解，為什麼不了解呢？就是因為孔子是「吾道一以貫之」，有一個完整的思想系統，學生們只了解個別的部分。有人學他的行為，有人學他的言語，有人學其他方面，而不能了解他一貫的思想是什麼。這一點也是孔子作為哲學家最難說清楚的。而「一以貫之」一語恰恰是因為子貢的問題而說出來的。

子貢曾說孔子「多學而識之」，上課被老師講了幾句之後，子貢又不敢再問。真正聰明的學生就要趁老師糾正錯誤時，立刻請問老師什麼才是對的。老師必定會回答，但是子貢沒有問，看老師說話口氣很嚴厲，很嚴肅的否定，他就馬上逃跑。以至於孔子想找個機會讓學生了解他的思想，於是他找曾參來教學（見「向曾參學習勤奮」），孔子教曾參這件事，看出孔子教學生的失敗，他作為至聖先師，也有失敗的時候，但是「禍根」是子貢引起的。

子貢在言語方面很傑出，後來做官做得不錯，但是真正讓我們感動的是什麼？記得我生平第一次到了山東曲阜，特別去參觀三孔——孔廟、孔府、孔林，到孔子墓前，我心中非常激動，也非常感慨，因為我看到旁邊有一棟房子，前面有一個石碑，上面刻著「子貢廬墓處」五個字，代表子貢在此替孔子守墓，子貢的表現真令人感動。孔子過世以後，很多學生捨不得他，就在他的墳墓旁邊蓋房子，替他守喪三年。古人只替父母守喪三年，弟子這樣做等於是把孔子當做父親，三年期間不能上班，不能就業。三年即將結束，大家抱頭痛哭一場，各自回家，而子貢沒有回家，繼續守喪三年。所以在孔子的墓前，看到「子貢廬墓處」，我自然感動。司馬遷寫到這一段時也很感動，以至於他在《史記．孔子世家》文後說：「詩云：『高山仰止，景行行止。』雖不能至，然心嚮往之。余讀孔氏書，想見其為人。適魯，觀仲尼廟堂車服禮器，諸生以時習禮其家，余低回留之不能去云：天下君王至於賢人眾矣，當時則榮，沒則已焉。孔子布衣，傳十餘世，學者宗之。自天子王侯，中國言六藝者折中於夫子，可謂至聖矣！」

子貢為什麼這樣做呢？因為他真心崇拜老師。子貢後來做大官，表現非常傑出，於是有人討好他了。〈子張篇〉載：（魯國大夫）叔孫武叔語大夫於朝曰：「子貢賢於仲尼。」……子貢曰：「譬之宮牆，賜之牆也及肩，窺見室家之好。夫子之牆數仞，不得其門而入，不見宗廟之美，百官之富。得其門者或寡矣。夫子之云，不亦宜乎！」意思是：叔孫武叔在朝廷上對大夫們說：「子貢的才德比孔仲尼更卓越。」……子貢說：「以房屋的圍牆作比喻吧。我家的圍牆只有肩膀那麼高，別人可以看到屋內擺設的美好狀況。老師家的圍牆卻有幾丈高，如果找不到大門進去，就看不到裡面宗廟的宏偉壯觀與連綿房舍的多彩多姿。能夠找到大門的人或許很少吧，叔孫先生的這種說法不是正好印證了嗎？」

別人稱讚他，他還批評別人找不到門，無法了解孔子。

後來又有人說他太了不起了，你怎麼老是說你的老師很偉大呢？我們看你就已經夠偉大了，不要再提你的老師了。子貢說，一般人的偉大像丘陵一樣，你爬一座小山，很容易爬過去，我們老師的偉大像天一樣，連登高梯也上不去。那時也有人開始批評孔子，子貢說，你最好不要批評，我們老師像日月一樣，你再怎麼批評，太陽還是那麼亮，月亮還是那麼圓。子貢能夠在老師過世之後，還是如此維護老師，真不簡單。這不僅是純粹出於情感，還出於對孔子深刻的理解。

學以致用

子貢因為做生意，也是孔門弟子中最特別的一位，他經常到各地走動，遇到很多事情，可以與其他學派的人來往，來往之後，至少讓你見多識廣。孔子對這個學生的評語，就一個字——「達」，一個人只要通達，做官就沒有問題。

孔子有三個學生，子路是果斷，子貢是通達，冉有是多才多藝，他們做官都沒有問題。但這只是能力，要真正地做好官，還是要有操守，需要德行，在這方面孔子教他的學生們有很多好的例子來做參考。當然我們也知道，在孔子過世以後，子貢替他廣泛地做介紹，所以司馬遷寫《史記》時特別寫了一句話，他說：「孔子過世以後，他的名聲可以傳揚於天下，主要是子貢的功勞。」因為子貢口才好，做官方面的表現也非常傑出。他曾經在魯國出現危險的時候挺身而出，齊國準備討伐魯國，子貢出馬，在五年之內就讓各個國家發生變化，保存了魯國，讓齊國陷入困境。又如吳越之爭，也是子貢出的主意，希望吳國與各國鬥爭，越王勾踐才有機會。由此可知，子貢的表現不只是一個單純的學生，還能學以致用。

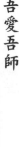

結論：吾愛吾師

孔子在《論語》中特別注意子貢這個學生，值得我們用心思考。我們介紹孔門弟子，以他們作為我們學習的楷模，不是只看他們的本身，而是要透過他們深刻了解孔子的思想，因為孔子是我們大家共同的老師，孔門弟子也是從年輕時慢慢成長的。子貢說他永遠趕不上老師，但孔子卻不希望我們這樣想，他希望我們每一個人都跟他一樣。他也承認自己並不是生下來就有知識的，學習沒有秘訣，就是用功而已，不斷累積，到一個時候自然就貫通了。我們今天談到子貢說話方面的表現，雖然只是幾個小例子，但是可以知道子貢後來的表現，即做官之後的作為都符合孔子的要求，對於孔子始終忠心耿耿。我們提倡學生對老師忠心，不是盲目的效忠，如此老師教學生好像是結幫派了，這也不是儒家的意思，你要真正了解老師的思想好在何處，老師有何過人之處。子貢的表現就在言語上，他的反應非常快，特別聰明，口才特別好，他在與別人互動的時候，可以使社會有正面的效果。所以子貢做官也好，負責外交也好，都有非常可觀的成效。司馬遷說得對，孔子後來能夠讓天下人都佩服，子貢有不少貢獻。

孟子曾用子貢的話來稱讚孔子：「自有生民以來，未有孔子也。」（《孟子．公孫丑上》）從有人類以來，沒有超過孔子的。這是《孟子》中所記載的，正是子貢說的話。可見子貢對孔子深刻懷念之情。

向子游學習胸襟

子游曰：「事君數，斯辱矣；朋友數，斯疏矣。」

——《論語·里仁篇》

子游，原名言偃，字子游，吳國人，小孔子四十五歲。列名文學科。子游在《論語》中出現的次數並不多，但他特別重要，因為他在文學科裡面，文學科有兩位同學，就是子游與子夏。這兩位同學都是孔子晚年所收的弟子。我們向子游學習什麼呢？向子游學習胸襟，也就是說讀書人胸襟要開闊。

獨具慧眼

子游列名文學科。文學代表文獻方面的知識，就是古代的經典、古代的文獻。精通文學者，就能從文獻中得到啟發，自然會高尚其志，目光遠大。子游確實能夠做到這一點。他曾經在魯國為官，在武城當過縣長。〈雍也篇〉記載：子游為武城宰。子曰：「女（汝）得人焉耳乎？」曰：「有澹台滅明者，行不由徑，非公事，未嘗至於偃之室也。」也就是說，他當縣長的時候，孔子有一次問他：「你在這裡找到什麼人才了嗎？」他說：「有一個叫澹台滅明的，他走路時不抄近路，若不是公事，也從不到我屋裡來。」「行不由徑」代表這個人是一個正人君子，走路不抄捷徑，不是公事不來找上司。

孔子聽了，心想，這個人真的那麼好嗎？但是後來孔子說過：「吾以言取人，失之宰我；以貌取人，失之子羽。」（《史記·仲尼弟子列傳》）「子羽」就是澹台滅明，因為長得很難看，所以孔子對他的態度十分冷淡，後來子羽只好退學，回去自己鑽研學問；而宰我因為長得儀表堂堂，又能說會道，因此孔子很喜歡他，認為這個學生將來一定很有出息。然而，事情的發展卻出乎孔子的意料之外，子羽是一個熱愛學習和喜歡獨立思考的人，他離開孔子後更加發奮努力學習、鑽研，成了一個很著名的學者。很多青年因此而慕名到他門下求學，他的名聲也在諸侯之間傳開了。相反，宰我卻有些懶惰，儘管孔子非常認真地教，可是他的學習成績不好，孔子曾再三地勸導他，但他都不聽，氣得孔子把他比作沒有用的朽木。後來，宰我靠著他的口才，在齊國做官，可是沒多久，就因為和別人一起作亂，被齊王處死了。孔子聽到宰我的死訊，很感慨地說：「從子羽身上我明白了，不能以外貌來衡量一個人；而宰我的事也告訴我，不能只憑一個人所說的話來衡量他。」

所以孔子學生很多，但有幾個長得不怎麼樣，這幾個大概不太有希望了，人很容易受外表影響，孔子也不例外。所以這一次他聽到子游的推薦，也多認識了一個學生。澹台滅明後來到楚國傳學，收了三百個弟子，把孔子的學說傳到南方的，他是第一人。子游能夠發現孔子所忽略的學生，可見子游的眼光很獨到。

子游不但眼光獨到，他本身學《詩》、學《書》都學得很好，他在武城當縣長的時候就教老百姓唱詩。當時孔子帶著一群弟子經過武城，聽到弦歌之聲。〈陽貨篇〉記載：子之武城，聞弦歌之聲。夫子莞爾而笑，曰：「割雞焉用牛刀？」子游對曰：「昔者偃也聞諸夫子曰：『君子學道則愛人，小人學道則易使也。』」子曰：「二三子！偃之言是也。前言戲之耳。」孔子在《論語》中只有這一次是「莞爾而笑」，我們都知道孔子很少笑，孔子哭或感歎的時候居多，因為他常常感受到別人的痛苦，感受到時代的危機，內心自然比較傷感。但是「莞爾而笑」，笑得很可愛、很開心、很燦爛，只有這一次。他為什麼那麼開心呢？因為他教子游《詩經》是要用來治國的，現在子游卻在一個小小的縣城教老百姓來學詩，有點大材小用，就像殺雞用了牛刀。他這樣說並非責怪子游，一方面是很高興，另一方面也有一點幽默感，認為子游似乎小題大做了。

結果這話就傳到子游耳中，子游就跑來抗議了，老師，您不是教過我們，做官的人學習人生道理，就是要愛護百姓。也就是說，君子如果學習《詩經》，學了之後就懂得怎麼做一個好官。而老百姓學習道理，就容易服從政令。長官叫老百姓做什麼事，百姓就好好配合來做，因為他們懂得道理。人最怕沒有受教育，不明白事理，一切只看自己的需要。人在本能上都替自己著想，這是很自然的事情，不能責怪任何人；但是受教育之後就發現，只看眼前個人的利益，就會錯過群體更大的需要、更大的利益，到最後反而不好。所以子游即使身為一個小小的縣長，還是讓老百姓一起來學詩，讓老百姓也懂一些做人處事的道理。孔子其實很喜歡他這樣做，因為子游抗議之後，孔子說：「各位同學，我前面是跟子游開玩笑的。」

從孔子與子游的對話，可見子游有很大的胸襟，他從老師那兒學到《詩經》，當上縣長後還把好東西教給老百姓，希望他們將來也能因為受教育而人才輩出，而他又能夠識別澹台滅明這個人才，從小地方就能看出子游確實不簡單。

《詩經》為何可以教化百姓

孔子說：「《詩》三百，一言以蔽之，曰：思無邪。」（〈為政篇〉）意思是，詩經三百多篇，用一句話來概括，可以稱之為：無不出於真情。

《詩經》是古代的文學，因為《詩經》都是出於真誠的情感，所以一個人讀《詩經》的時候，很容易被它感動，發現自己年少時那種純潔的感情，感覺到年輕時候的理想，好像又回到年輕的時代。譬如，我們耳熟能詳的第一篇《關雎》：「關關雎鳩，在河之洲。窈窕淑女，君子好逑。……」這首詩就是純粹的情感真摯地表達。所以你讀了《詩經》以後，馬上感覺到自己的情感回復到原始的真誠的狀態。

孔子教學生《詩經》時曾說：「小子何莫學夫詩？詩，可以興，可以觀，可以群，可以怨。邇之事父，遠之事君；多識於鳥獸草木之名。」（〈陽貨篇〉）這兒特別提到四個字，即「興、觀、群、怨」。

用白話來說，「興」就是引發真誠的情感。人在社會上待久了，很難得真誠。你和別人來往，一定要注意到社會上的禮儀、禮貌，很多話不能說，很多話只能說一半，然後與別人來往，要時時注意到自己的角色、身份，有時心中的情感真是很委屈，不能夠完全表現出來，到最後就忘了，忘了自己以前也曾經這麼年輕過、這麼有理想過。所以讀《詩經》能引發真誠的心意。「觀」，即觀察自己的志節。可以知道自己的志節與《詩經》的哪一段描寫得最接近。「群」，即與別人合群。我們生活在共同的社會，有共同的遭遇，情感也是類似的，這種情感通過閱讀《詩經》，大家可以互通聲氣，人的情感最怕壓抑，情感一定要抒發。「怨」，即抱怨。很多人對於抱怨都不以為然，認為不應該抱怨，其實抱怨是很正常的情感。在《論語》中，「怨」出現二十次，是所有描寫情感的字眼中最多的一個字。怨是人很自然的情感，人生在世，有時難免會覺得委屈，覺得自己有志難伸，被人家誤會，甚至迫害。這時該怎麼辦呢？閱讀《詩經》。讀了《詩經》之後，會發現歷史上很多人都有類似的遭遇，很多條件比我們好的人，照樣無法實現他們心中的理想，甚至一輩子委屈的都有。所以讀《詩經》之後，情感從興到觀、到群、到怨，都得到調節。

不只如此，讀《詩經》還有別的作用，叫做「邇之事父，遠之事君」，就近可以侍奉父母親，做官可以侍奉長官、國君，這就說明《詩經》可以幫助你立身處世。〈陽貨篇〉記載：子謂伯魚曰：「女（汝）為〈周南〉、〈召南〉矣乎？人而不為〈周南〉、〈召南〉，其猶正牆面而立也與！」（孔子曾問自己的兒子：「你有沒有讀《詩經》的〈周南〉、〈召南〉呢？」兒子說還沒有。孔子就說：「一個人不讀《詩經》的〈周南〉、〈召南〉，就好像面向牆壁站著。」）為什麼呢？因為正對牆面而立，什麼都看不到，哪裡都去不了。那時的人平常與別人來往，一動一靜，甚至一言一行，都要從《詩經》中找到根據。所以孔子教自己的兒子說，「不學詩，無以言」（〈季氏篇〉），如果不學《詩經》的話，就沒有說話的憑藉。「無以言」不是不能說話，而是無法說出有內涵的話，這是不行的。因為古代的政治一定要有言語來表達適當的決策、態度。

那麼最後還有「多識於鳥獸草木之名」，《詩經》中鳥獸草木的名稱多達幾百種，加起來幾乎將近一千種了，很多名稱所對應的事物已經找不到了。所以在古代，你想增加常識，就要讀《詩經》，一本《詩經》念完，學問就很扎實了。孔子的學生子游用《詩經》來教他的老百姓，自然有其道理，並且古代的《詩經》大部分都可以唱出來，詩與樂不能分開。所以對於這樣的學生，孔子當然認為他的抱負很遠大。

胸襟悠遠

子游與自己的同學也會有爭執。誰呢？子夏。子夏與他年齡相近，都是孔子周遊列國期間拜在孔子門下的。而兩人又列在文學科，可說是伯仲之間，難分高下。子游和子夏有什麼爭論呢？子游批評子夏，說子夏的學生只知道灑掃、應對、進退，就好像只教一些具體的行為規範，實在是細枝末節。這話傳到子夏耳中，子夏當然不高興，認為子游說得太過分了，教學生就要從外面的行為規範慢慢來，將來再教根本的思想，怎麼可以立刻就教他大道理呢？子游不同，他希望一下子就把大道理教出來。

不過子游有一件事做得不太好，此事記載於《孟子．滕文公上》：昔者孔子沒，三年之外，門人治任將歸，入揖於子貢，相向而哭，皆失聲，然後歸。子貢反，築室於場，獨居三年，然後歸。他日，子夏、子張、子游以有若似聖人，欲以所事孔子事之，強曾子。曾子曰：「不可。江漢以濯之，秋陽以暴之，皜皜乎不可尚已。」孔子逝世，弟子守喪三年之後，收拾行李準備回家，走進子貢的住處作揖告別，相對痛哭，大家都泣不成聲，然後才離去。子貢又回到墓地重新築屋，獨居三年，然後才回家。一段時日之後，子夏、子張、子游三人認為有若（有若，孔子弟子，字子有，魯國人，小孔子三十三歲）的言行舉止很像孔子，就想用侍奉孔子的禮節去侍奉他，並且硬要曾子同意。曾子說：「不行。經過江水、漢水洗滌過，盛夏的太陽曝曬過，潔白明亮無以復加了！」從這件事情可以看出，子游的腦袋不是很清楚，因為想念孔子，居然想讓一個學長坐老師的位置，恢復以前的師生相處的情感，這是不可能的事情。

但是談到子游，我們還得說他胸襟闊達，非常的悠遠。《禮記．禮運》云：「大道之行也，天下為公，選賢與能，講信修睦。故人不獨親其親，不獨子其子，使老有所終，壯有所用，幼有所長，鰥、寡、孤、獨、廢疾者皆有所養，男有分，女有歸。貨惡其棄於地也，不必藏於己；力惡其不出於身也，不必為己。是故謀閉而不興，盜竊亂賊而不作，故外戶而不閉，是謂大同。」這段話的背景是：有一次孔子參加了國君在年終舉行的一個祭典之後，出來深深歎了一口氣。這時候子游在旁邊，就問老師：「您為什麼歎氣呀？」孔子就說了這段話，也就是所謂的「大同社會」。子游提問題，孔子就把大同理想說出來，這說明什麼？孔子認為子游胸襟夠大，確實可以把他的這種理想發揮出來。這一段話真是精彩，所謂大同世界的理想就是：「在大道施行的時候，天下是人們所共有的，把有賢德、有才能的人選出來給大家辦事，人人講求誠信，崇尚和睦。因此人們不單奉養自己的父母，不單撫育自己的子女，還要使老年人能終其天年，中年人能為社會效力，幼童能順利地成長，使老而無妻的人、老而無夫的人、幼年喪父的孩子、老而無子的人、殘疾人都能得到供養。男子要有職業，女子要及時婚配。人們憎惡財貨被拋棄在地上的現象而要去收貯它，卻不一定要自己私藏；也憎惡那種在共同勞動中不肯盡力的行為，而不一定為自己謀私利。」這樣的社會真是太理想了。最後的結論怎麼說呢？結論說的話直到現在我們還是非常嚮往，到現在還做不到：不會有人搞陰謀，不會有人盜竊財物和興兵作亂，家家戶戶都不用關大門了，這就叫做「大同」社會。這是一個「選賢與能，講信修睦」的社會，讓整個社會的弱勢團體都得到照顧，其他每一個人都希望把力量奉獻出來為社會服務，這就是大同世界。

講完大同之後，孔子繼續說了他的小康世界：「今大道既隱，天下為家，各親其親，各子其子，貨力為己。大人世及以為禮，城郭溝池以為固，禮義以為紀，以正君臣，以篤父子，以睦兄弟，以和夫婦，以設制度，以立田里，以賢勇知，以功為己。故謀用是作，而兵由此起。禹、湯、文、武、成王、周公，由此其選也。此六君子者，未有不謹於禮者也，以著其義，以考其信，著有過，刑仁講讓，示民有常。如有不由此者，在勢者去，眾以為殃，是為小康。」孔子當然希望這樣的理想可以實現了。但是他的時代是禮壞樂崩，孔子只能希望做到承禮啟仁，希望恢復禮的力量、活力，使它重新與人的情感結合起來，使仁的思想光大於後世。

孔子與學生子游暢談有關大同、小康的世界，到今天留下來的文獻，還足以令我們嚮往，我們雖然做不到，至少內心很希望有這樣的世界。這與孔子的志向完全配合，孔子的志向是「老者安之，朋友信之，少者懷之」，這就是所謂的大同世界。但是在當時的社會，做不到大同只好做小康，就是努力奮鬥，大家一起來奮鬥向上，維持整個國家就靠禮儀。所以這一整套思想可以讓我們了解，子游胸襟開闊，孔子認為值得跟他談這種天下大道理。

交友之道：適可而止，知道分寸

子游曾經說，事奉一個國君，不要太囉嗦。如果太囉嗦，一而再，再而三去諫言，恐怕會自取其辱。確實如此，如果事奉國君，國君對你信心不大，你知道你說的是對的，你也知道國君做錯了，你不斷去講，國君有時候也知道自己不對，但他就是不願意聽。因為一個人要改過很不容易，聽別人講了再去改，會覺得好像很沒面子。所以事奉國君不要太囉嗦，反反復復去進諫，建議他什麼事情做錯了，什麼事情不要做，不見得有好的結果，還不如自己收斂。

交朋友也是一樣。子游說，交朋友也不要太囉嗦。假設朋友有一個毛病，你每天勸他，勸到最後，他一定跟你疏遠。子游看到這些問題，說明他深知人與人相處，有時候要知道適可而止，知道分寸。交朋友是很自然的需要，同學、同鄉、同道都可以成為朋友，只要有一個「同」，就有一個共同的交往的機會。但交朋友有時候就要注意到好壞的問題。

《論語》中說，益者三友：友直、友諒、友多聞。「友直」，朋友很正直、很真誠、很直爽，跟這樣的朋友在一起會有壓力，所以要配合「友諒」，「諒」代表諒解，也代表能夠守信用；我們跟朋友來往，當然希望他博學多聞（「友多聞」），可以給我們很多啟發。但是不要忘記，我們希望有好的朋友，別人也希望我們是好的朋友。所以我們自己本身就要設法以這三點作為我們的努力目標，我們不能光要求別人成為好朋友，自己也要努力。至於「損者三友」（「友便辟、友善柔、友便佞」），代表這些朋友有的太過於自以為是；有的說話太婉轉，老是討好你；有的口才太好，你跟他說什麼，他都可以辯論。像這些朋友關鍵在於缺乏真誠。一個人不真誠，他與別人來往不願說真話，或者有錯就找藉口去掩飾，這樣的朋友只有壞處。孔子對於交朋友有他一定的看法，而子游並沒有說如何做才是一個好的朋友，這一點他並沒有說出具體的內容。

結論：天下為公

由上可知，子游的胸襟特別闊達，主要根據是：從他能夠識別澹台滅明是一個人才，不從外表來看他；從他說能夠教武城的百姓來唱《詩經》；從他與孔子在一起的時候，能夠特別請教老師為什麼歎氣，讓孔子願意跟他說明大同世界的理想。如果沒有子游當時的這個提問，我們恐怕也沒有機會讀到「大道之行也，天下為公」這一篇精彩的文章。我們雖然做不到，總相信以這個作為一個目標，一個社會可以慢慢有發展的方向。人活在世界上，不可能立刻把理想變成現實，但是沒有理想，現實就是一潭死水，沒有地方走，不會流動的，久而久之，就會覺得生命沒什麼趣味。所以每一個人應該有他生命內在向上的力量，整個社會應該有它發展的方向。我們從子游的胸襟可以看得出來，以儒家來說，他的思想發展方向是非常明確的，我們就以這個作為今天我們共同探討的，向子游學習的一些心得。

向宰我學習辯論

宰予晝寢。子曰：「朽木不可雕也，糞土之牆不可圬也。於予與何誅？」子曰：「始吾於人也，聽其言而信其行；今吾於人也，聽其言而觀其行。於予與改是。」

——《論語・公冶長篇》

宰我，原名宰予，字子我，魯國人，小孔子二十九歲。列名言語科。孔子曾說過一句話：「吾以貌取人，失之子羽；以言取人，失之宰予。」子羽就是澹台滅明，據說長得很醜，孔子看到他，認為這個學生不會有什麼特別的表現，後來卻發現他表現不錯。而第二句話說的就是宰我，如果聽一個人說話說得很好聽，就認為他是一個人才，那你恐怕就看錯了。

宰我就是一個口才特別好的人，在言語科宰我排第一，子貢排第二。孔子並不贊成一個人口才太好，更強調要有仁德，但是宰我就是很聰明，以至於他說出來的話受到孔子高度的注意。《論語》中，宰我出場總共才五次而已，這麼少的材料如何介紹他呢？我們就要花一點功夫了。

聽其言而觀其行

宰我到底有什麼特別的地方呢？這又是反面的教材了。在《論語》中有三個地方，我們來了解一下。

其一，〈雍也篇〉：宰我問曰：「仁者，雖告之曰『井有仁焉』，其從之也？」子曰：「何為其然也？君子可逝也，不可陷也；可欺也，不可罔也。」

宰我大概常常聽到老師談到要做一個仁者，要行仁。宰我不太懂，因為孔子是第一個把仁的觀念充分加以運用，並把它當做人生目標的人。所以宰我有一次故意問說：「老師，假設有一個仁者，別人告訴他，井中有仁可取，他會不會跳下去呢？」他很聰明，故意提這樣的問題。孔子就不太高興了，他說：「對一個君子來說，你可以讓他過去，卻不能讓他跳井；你可以欺騙他井中有仁可取，卻不能誣賴他分辨不了道理。怎麼可以把君子看得這麼笨呢？」宰我問的是仁者，孔子回答的是君子。而君子是仁智並用的，仁智並舉的。由此可見，孔子認為宰我不但缺乏誠意，而且他提的問題是故意設個陷阱來嘲笑人家。孔子當然對他不滿意了。

其二，〈公冶長篇〉：宰予晝寢。子曰：「朽木不可雕也，糞土之牆不可圬也。於予與何誅？」子曰：「始吾於人也，聽其言而信其行；今吾於人也，聽其言而觀其行。於予與改是。」

這一次比較嚴重了，宰我大白天跑去睡覺。很多人都說，白天睡覺有這麼嚴重嗎？難道也要被罵嗎？現在的情況不同。古時候沒有發明電燈，一般人都是日出而作，日落而息，晚上得到了充足的睡眠，白天就不應該睡覺了，除非你生病，要不然就一定是認真地讀書。宰我白天跑去睡覺，孔子找到機會了，罵得很難聽：「腐朽的木頭沒有辦法用來雕刻，廢土砌成的牆壁沒有辦法塗得平滑。我對予（宰我）有什麼好責怪的呢？」枯朽的木頭不能用來雕刻，一雕就壞了；用很差的土來做牆，便是凹凸不平，再怎麼粉刷也沒用。也就是說你內在沒有真誠的心意，根本就是做表面的功夫，那是沒有用的。所以，孔子也失望了，對於宰我他有什麼好批評的呢？

接著孔子說的一段話，現在有很多人在引用。他說：「過去我對待別人，聽到他的說法就相信他的行為；現在我對待別人，聽到他的說法，還要觀察他的行為。我是看到宰我的例子，才改變態度的。」「聽其言而觀其行」就來自這裡。孔子是怎麼改變對別人的看法呢？就是有宰我這個學生。這說明孔子以前也是輕信人言，又遇上口才很好的宰我。後來才發現，這個學生光說不練，說得好聽，根本做不到。由此，孔子才開始從「聽其言而信其行」轉變為「聽其言而觀其行」。

其三，〈八佾篇〉：哀公問社於宰我。宰我對曰：「夏后氏以松，殷人以柏，周人以栗，曰：『使民戰慄』。」子聞之，曰：「成事不說，遂事不諫，既往不咎。」

宰我後來做官，有一次魯哀公就問宰我，什麼是「社」字。社代表土地神，古代建邦立國都要立社，以其都城地區合適的樹木為社主。情形大概是：社主所在之地有樹，有樹所製成的牌位，也有祭祀的廟。宰我怎麼回答？他就賣弄了一下他的知識。他說：「夏朝人用松樹，商朝人用柏樹，我們周朝人用栗樹。」他接著說了一句「使民戰慄」。像這些樹都有它的含義，譬如夏朝為什麼用松樹？因為夏朝還是比較原始的時代，對老百姓寬鬆。商朝人用柏樹，柏代表博大，也代表不要太嚴格要求。到周朝用栗樹，是讓老百姓戰慄，什麼意思呢？原來魯國四分，宰我的意思就是希望魯哀公能夠用武力把這個國統一起來。孔子聽了之後不太高興，他講了三句話：「成事不說，遂事不諫，既往不咎。」（已經過去的事就不要再說了，已經做成的事不能再勸阻了，都是過去的事，又何必去追究呢？）孔子希望宰我不要老是跟國君講一些這樣的話，讓國君老想要用武力與可怕的手段來做一些事，怎麼能說讓老百姓害怕呢？由此可見，宰我的學問是不錯，我們不能說他沒有學問，但是這種回答國君的方式，反而會造成負面的效果。所以孔子對他有意見，也是難免的。

洞見人性的真諦

從上面的三段話可以看出來，孔子對宰我多有意見，一出場就準備挨罵，宰我可以說是一個有名的反面教材。但是他真正的能耐在最後一段，他是一個辯論的高手，我們如果學會了，與別人討論問題，肯定會有表現的機會。這一段也是最重要的，它使我們有機會把孔子的思想從頭開始再檢驗一遍。

此段見於〈陽貨篇〉：宰我問：「三年之喪，期已久矣。君子三年不為禮，禮必壞；三年不為樂，樂必崩。舊穀既沒，新穀既升，鑽燧改火，期可已矣。」子曰：「食夫稻，衣夫錦，於女（汝）安乎？」曰：「安。」「女（汝）安，則為之！夫君子之居喪，食旨不甘，聞樂不樂，居處不安，故不為也。今女（汝）安，則為之！」宰我出。子曰：「予之不仁也！子生三年，然後免於父母之懷。夫三年之喪，天下之通喪也，予也有三年之愛於其父母乎！」

這一段講的就是有關三年（二十五個月）之喪的問題。宰我聽老師常常提到三年之喪，三年之喪在古代是一種很好的做法。宰我提出質疑，向老師請教，他說：「老師，三年之喪太長了。」他的理由是什麼？兩方面。第一，在人文世界，君子三年不舉行禮儀，禮儀一定會荒廢；君子三年不演奏音樂，音樂一定會散亂。這個理由聽起來很好，譬如你現在守喪三年，不能行禮作樂，三年不行禮，到時候細節忘記了，三年不演奏音樂的話，到最後手指也生疏了，琴瑟也不會彈了，怎麼辦？這說明，人文世界三年時間太長，因為禮樂需要操作，而且禮樂操作的時候需要熟練，你二十五個月不接觸，將來說不定就忘記了，這是很嚴重的事情。這是第一方面，在人文世界，三年時間太長。

第二，在自然世界，舊穀吃完，新穀也已收成；打火的燧木輪用了一次。所以守喪一年就可以了。稻米吃完了，新的稻米長出來，剛好一年；然後，古代的人只有鑽木取火，一年四季，有四種不同的木頭，一年正好。宰我的意思是什麼呢？代表人文世界三年太長，自然世界一年就好，所以他主張守喪一年就夠了。這些理由，我們到今天聽起來還是覺得很犀利，講得很有道理。他提出不同的看法，先考慮人文世界，然後跟自然世界設法配合起來，找到一個交集點，一年就夠了，一般來說這個理由很難被反駁。

假如我是孔子，我怎麼反駁？我可能會說，你做過調查嗎？做過試驗嗎？三年不行禮樂，真的禮壞樂崩嗎？也許有人可以四年，也許有人一年就垮了，都可能。但是這樣的社會調查就找不到定論，都是百分比，不適用於每一個人。譬如一條高速公路，它發生車禍率是百分之十，那你開車的時候，你認為反正是百分之十，只要用百分之九十的謹慎就沒事了，所以這種社會調查很難有什麼共識。古代山東一年一次收成，別的地方一年三次收成呢？現在用瓦斯爐，要怎麼看待以前的鑽木取火呢？像這些都是屬於相對的，孔子不與他辯論，直接把焦點轉到人的內心。

孔子對他說：「你如果不守三年之喪，守喪未滿三年，就吃白米飯，穿錦緞衣，你心裡安不安呢？」這是轉移焦點，宰我提的問題是社會規範，父母過世，守喪三年，這是明文規定的，孔子不與他討論社會規範的有效性或者普遍性，只是把焦點轉移到「你心裡安不安」。因為社會規範是配合人的心理需求而設定的，一個人心裡安不安，是他主觀的看法，所以孔子問宰我「你心裡安嗎」。他本來很希望宰我說「老師，我確實沒想到這一點，感謝老師的指教」。但是宰我說「安」。這下糟糕了，給他做好學生的機會都不要，就一定要辯論嗎？他與老師辯論不是口頭辯論而已，還牽涉到人的生命發展的具體情況。

為什麼宰我不能說「安」呢？兩個情況，第一，如果宰我在請教老師問題的時候，他的父母還在，他怎麼忍心說安呢？他的父母聽到能不生氣嗎？父母過世一年，他就吃得好，穿得好，心裡很安，父母一定難過。第二，假設當時宰我的父母已經過世，雖已不可考，但是也說明以前替父母守喪時一定是心不甘、情不願的。所以這時別人問你心裡安不安，不管父母在不在，不應該隨便回答。但是宰我為了辯論上勝過別人，就說「安」。孔子沒辦法了，只能說：「你安，你就去做吧。」

接著孔子說了一段話，他說：「君子在守喪時，吃美食不辨滋味，聽音樂不感快樂，住家裡不覺舒適，所以不這麼做。現在你既然心安，就去做吧！」也就是說，一個君子不願意在三年之內做這些事，他守完三年之喪之後，才能恢復正常的生活。孔子在最後再加一句「汝安則為之」，宰我就知道老師變臉了，立刻離開教室。他離開教室之後，孔子在背後繼續批評，但是他的目的不是罵學生，是要讓留下來的同學有機會受教育。孔子接著又說了一段話，千古之下震撼猶在：「一個孩子生下來，三年以後才能離開父母的懷抱。為父母守喪三年，天下人都是這麼做的。宰我曾經受到父母三年懷抱的照顧嗎？」「子生三年，然後免於父母之懷」，我年輕的時候讀《論語》，讀到這句話後，對孔子完全改觀，特別感動，這十二個字何意呢？小孩生下來之後，三年才能離開父母的懷抱，這代表人的生理、心理狀況，在嬰幼兒時期有對父母深刻的需求。我們都知道古代父母是分工合作的，男主外，女主內，一般是母親在家帶孩子，而孔子是男性，他卻能夠了解小孩子三歲才能離開父母的懷抱，觀察得這麼仔細，這說明什麼？哲學不能離開生活的經驗，離開生活經驗，那是誰的哲學？

對於孔子的智慧，我們不得不感動，一個小孩生下來三歲才能離開父母的懷抱，今天每一個人可以正常地成長，做一個正常的人，都要感謝父母親在我們小時候認真地關懷我們，父母親關懷我們花了多少心血，難以衡量。因為人的生命不是一生下來就跟我們現在一樣，生下來之後有一個很長的幼兒依賴期。這是我要強調的重點，與其他動物相比，人類的生活起點基本是零，人類的孩子是最無用的、最無助的、最軟弱的，他有最長的幼兒依賴期。我們且舉個例子。一隻貓的平均壽命十二年半，人的平均壽命假定七十五歲，三年算多少呢？二十五分之一。一隻貓可以活十二年半，它的二十五分之一是多少？六個月。三歲的小孩與六個月的貓比較一下，就知道差別多大了，沒有人可以隨便抓到六個月的貓，六個月的貓跑得比誰都快，都可以繁殖後代了。但是三歲大的小孩子，能跑到哪裡去？走路都走不穩，有些人甚至到三歲還不能講話。所以人類的小孩是最脆弱的，需要父母長期的照顧，就是因為在生理上有長期依賴父母照顧的需要。然後小孩與父母在心理上有著互相關懷的深刻的情感互動，所以古人就依據從生理到心理，從心理再到倫理，制定一些規矩，譬如三年之喪，讓你對父母表示尊敬和感謝。這是孔子對人性的看法，得知孔子這一想法，我們還得感謝宰我這個「壞學生」。

就因為宰我喜歡思考，喜歡辯論，辯論的時候所舉的理由非常充分，讓孔子轉移焦點，把他心中對人性的理解充分地表現出來。今天我們可以很清楚地說，孔子看人性是從生理到心理到倫理。而儒家講的是倫理，譬如五倫：「父子有親，君臣有義，夫婦有別，長幼有序，朋友有信。」五倫如何來的？就是從人心理上的情感需求來的，心理上的情感最後推到生理，就是孝悌（孝順和友愛），孝順是對父母親，友愛是對兄弟姐妹，因為兄弟姐妹有共同的父母親。所以儒家講孝悌為做人處事的根本，是因為人在幼年時有最長的生理依賴期，這是天生的，你不能去改變它，這一點不照顧到的話，只能說不像是一個人了。

宰我問三年之喪，孔子的回答有普遍的意義。任何人如果讓父母傷心，讓父母難過，心裡都會不安。用一個人從小的生活經驗的情感與父母的遭遇處境完全結合，所以儒家強調，孝順是做人的第一件重要的事情，「百善孝為先」的理由就在這裡。由此出發，才可以像孟子所說的「老吾老以及人之老，幼吾幼以及人之幼」，慢慢地推出去，推到天下人。如果立刻要求一個人關懷天下人，這是強人所難；只有從照顧家人，照顧親戚、朋友、同學開始，然後再慢慢地推到其他人。

可見，我們要感謝宰我，宰我如果沒有問這一段，孔子就不會把倫理、心理、生理整個系統說出來。我常常勸年輕的朋友，有空回家就翻翻家裡的相冊，看看自己小時候在父母懷中、讀幼稚園、小學畢業、中學畢業的樣子，一路上去，才知道成長的經驗，原來父母對我們的照顧真是比山還高、比海還深啊！你對父母的孝順，自然是天經地義的事情。從生理到心理到倫理連貫起來，人性從真誠開始，恢復原始的情感，力量就由內而發，孝順、友愛、守信用、講道義，都是最自然的事情。正因為有宰我提問，我們才得以知道孔子內心對人性的真實想法，使我們有很豐富的材料可以思考。因此我們談到宰我的時候，光是把他的三年之喪說清楚，就可以把孔子對人性的看法完整地說明，他的貢獻就值得我們去肯定與懷念了。

我們從宰我向孔子請教問題的辯論一路下來，把這個觀念說清楚，這個觀念說清楚了，人活在這個世界上，每一個人都充滿希望，為什麼？因為你只要真誠，就能找到人生的路。如果你為外在的利益而不真誠，到最後會發現，你得到的越多，失去的也越多。用耶穌的話來說：「你得到了全世界，卻喪失了自己的靈魂。」得到了全世界，喪失了真正的我，喪失了我的靈魂，這有什麼意思呢？你可以喪失全世界而保全你的真正的自我，保住你的靈魂，對宗教而言可以升天堂，對儒家而言就是心安理得，當下就有最大的快樂。

結論：回歸正道

最後我們再講一段宰我的故事。孔子曾經到楚國，楚昭王想請孔子來做官，孔子就先派宰我過去，宰我的口才很好，知道老師有什麼要求，有什麼想法。宰我就跟楚昭王談了各種理想，楚昭王很滿意，就送給孔子好幾輛華麗貴重的馬車，宰我怎麼說？他說：「我們老師要的不是馬車，我們老師所關心的是理想能不能實現，所關心的只是老百姓能不能得到照顧，如果你真的用我們老師為官，我們高興得很，他就是走路來也願意，你不用給他豪華的馬車。」這段話講得真好，宰我後來向孔子報告，孔子也說講得好。這時的宰我似乎境界高了些，他知道重要的不是國君的賞賜，而是希望得君行道，能夠照顧百姓，所以老師走路來也很高興，這講得真好。孔子這一次稱讚了他，說宰我的口才終於步上了正軌。

孟子也提到宰我，他特別提到宰我如何稱讚老師呢？宰我曰：「以予觀於夫子，賢於堯舜遠矣。」意思就是說，以我對老師的觀察，他的傑出遠遠超過了堯舜。孔子都不敢這樣講，孔子、孟子都稱堯舜了不起，因為他們是偉大的聖賢，內聖外王都做到了。但是宰我，居然說老師賢於堯舜，遠遠超過堯舜。這話是不是太誇張了，還是有他的道理呢？我覺得是有道理的，因為堯舜的時代是一個小社會，堯舜之後才是夏朝開始，非常原始落後，所以堯舜能做的事情有限。後來孔子面對這麼複雜的情況，禮壞樂崩，他要重新恢復整個周朝的規模，讓天下重新安定，抱負這麼遠大，他教學生，讓學生的收穫又如此明顯。所以宰我說他的老師超過堯舜，有他個人的評價。事實上孟子也贊成，因為孟子也說孔子確實是沒有人能比得上，像這些是對孔子過度的評價嗎？我認為不然，我認為韓愈所說的「天不生仲尼，萬古如長夜」，有他的道理。當然我們也不要盲目崇拜孔子，因為孔子也是一個人，慢慢成長，孔子可以做到的，今天每一個人也都有可能做到，通過真誠修練自己，讓自己在各方面與時俱進，不斷地成長。尤其是年輕的朋友，當我們以孔子的學生們作為示範，向他們借智慧的時候，每一個學生都有各自的特色，而他們的特色就好像鑽石的每一面，都可能反映出整個鑽石的光華，所看到的核心就是孔子的思想。表面上，宰我在《論語》中每一次出來都受到孔子的教訓，但是我們也得到很深刻的啟發。

向子張學習立志

子張問行。子曰：「言忠信，行篤敬，雖蠻貊之邦，行矣。言不忠信，行不篤敬，雖州里行乎哉？立則見其參於前也，在輿則見其倚於衡也，夫然後行。」子張書諸紳。

——《論語．衛靈公篇》

子張，原名顓孫師，字子張，陳國人，小孔子四十八歲。我們總共介紹孔子的十位弟子，以子張作為結束，在結束的時候特別提到立志，說明什麼？學習之後，才是真正實踐的開始，落實在我們生活裡面，就是需要立志。人活在世界上，如果只是過日子，那並不難，重要的是你要過什麼日子？在這些日子裡，你要如何安排這一生，希望將來有什麼樣的成果？這是自己要負責的。所以孔子教學生十分重視立志。「志」字也很有意思，士心為志，讀書人的心就是志向。

子張是孔子周遊列國的時候，在陳國收到的一個學生。說到陳國，我們就應該想到，孔子這一生有一個最艱險的階段，就在陳國和蔡國之間，曾經好幾天沒有開伙，學生餓得都走不動了。子張因為是晚期的學生，在孔子的身邊也是非常的活躍。整部《論語》按照篇章來計算，出現最多的是子路，然後是子貢，接著恐怕就是子張了，他出現的次數和顏淵差不多。子張為什麼出現的頻率如此多呢？我們且帶著這個問題，把自己當做子張來向孔子請益，看我們能夠學到什麼，尤其是如何立志走上人生的正路。

言行配合如一

子張的個性非常直接，凡是讀過《論語》的人都會覺得，子張怎麼如此大膽呢？〈為政篇〉載：子張學干祿。子曰：「多聞闕疑，慎言其餘，則寡尤；多見闕殆，慎行其餘，則寡悔。言寡尤，行寡悔，祿在其中矣。」

「干祿」，即從政做官，得到俸祿。這是古代讀書人的主要出路，目的可以包括追求功成名就與造福百姓。這樣直接發問，類似的還有一個樊遲。樊遲大概跟了老師好久，發現出去就業有困難，就想學種田。孔子說：「我比不上有經驗的農夫。」他又請求學習種蔬菜，孔子說：「我比不上有經驗的菜農。」樊遲離去之後，孔子說：「樊須真是個沒志氣的人！」可見，孔子的反應不太好，公開說自己的學生是小人，沒有志氣。而子張問如何得到爵位、俸祿，孔子直接說：「多聽各種言論，有疑惑的放在一邊，然後謹慎去說自己有信心的，這樣就會減少別人的責怪；多看各種行為，有不妥的放在一邊，然後謹慎去做自己有把握的，這樣就能減少自己的後悔。說話很少被責怪，做事很少會後悔，官職與俸祿自然不是問題。」

「言寡尤，行寡悔，祿在其中矣」，人活在世界上，就是兩件事——言和行，該怎麼說話，該怎麼做事。我們平常跟別人來往，不就是這兩個字嗎？早晨起來看到別人怎麼說話，通常我們說話都會覺得很苦惱，好像無話可說，最後只好說說八卦或別人的緋聞。結果別人就會覺得與你在一起，每天好像繞著那些無聊的新聞打轉。所以說話時要謹慎，要有內容，要有意義，讓別人覺得有所收穫，這才算是把話說清楚了；然後做事的時候，行為表現是否言而有信，是否能夠不斷地有創意，能夠改善我們生活的處境。可見，像言、行的配合問題，孔子教學生時是非常具體的。

記得我到荷蘭教書時，想選擇《論語》的一句話作為我的座右銘，就是選子張請教老師的話：子張問行。子曰：「言忠信，行篤敬，雖蠻貊之邦，行矣。言不忠信，行不篤敬，雖州里行乎哉？立則見其參於前也，在輿則見其倚於衡也，夫然後行。」子張書諸紳。（〈衛靈公篇〉）這段話的意思是：子張請教怎樣可以行得通。孔子說：「說話真誠而守信，做事踏實而認真，即使到了南蠻北狄這些外邦，也可以行得通。說話不誠而無信，做事虛浮而草率，即使在自己本鄉本土，難道可以行得通嗎？站的時候，要好像看到這幾個字排列在眼前；坐在車中，要好像看到這幾個字展示在橫木上。這樣才能夠行得通。」子張把這句話寫在衣帶上。

「言忠信，行篤敬，雖蠻貊之邦行矣」，這句話翻譯出來好像對荷蘭人不太好意思，孔子說的是蠻荒、沒有開化的地方，而荷蘭是高度發達、已開化的國家，我心想，既然在蠻荒落後的地方都走得通，何況是在荷蘭這種先進的國家呢？所以我在荷蘭那一年，每天設法練習，和別人說話的時候聽自己所說的話，有任何事情要做的時候，我就設法看自己所做的事。如果我們說話時，自己不聽，等別人聽了之後的反應，我們才嚇一跳，為何這麼激動？事實上，如果你認真聽自己說話，就知道別人為什麼有這樣的反應。那麼，你為什麼要等別人有了反應，再修改呢？所以要練習，說話的時候聽自己說話，有什麼問題立即設法改正；做事的時候看自己做事，有什麼問題不要等別人講，自己就設法改善。我在荷蘭一年實驗下來，覺得很有效果，讓我自己更能夠注意到言行的配合，這又是孔子教子張的話。如果你言不忠信，行不篤敬，就算在自己家鄉也走不通，所以在任何地方都要記住這六個字——「言忠信，行篤敬」，像子張一樣，立刻寫在衣帶上面，這樣才能記下來。

與時代結合

子張這個學生非常務實，想到的是生活中具體的行為。不過，他也問過一些很特別的問題，比較遙遠的。《為政篇》記載：子張問：「十世可知也？」子曰：「殷因於夏禮，所損益可知也；周因於殷禮，所損益可知也；其或繼周者，雖百世，可知也。」子張請教：「未來十代的制度現在可以知道嗎？」孔子說：「殷朝沿襲夏朝的禮制，所廢除的與增加的，可以知道；周朝沿襲殷朝的禮制，所廢除的與增加的，可以知道。以後若有接續周朝的國家，就算歷經百代也可以知道它的禮制。」

一世是三十年，十世是三百年了，三百年之後可以知道嗎？孔子的回答說明什麼？人性是一樣的，都是向善的。但是怎麼表達善呢？需要禮、樂，需要社會上的各種制度。掌握這一點，制度有損益，按照時代的需要稍微調整。譬如，以前規定守喪三年，現在已經很少有人這樣做了，甚至根本就沒有人這麼做了，因為在孟子的時代已經沒有人這麼做了，更不要說今天了。三年守喪，三年都不上班，誰吃得消呢？

由此可知，禮制有時候也需要調整、更改，與時代結合，但是重要的是心意，而不是外在的規矩，當然也不能完全沒有外在的規矩。因為通常講心意的話，有時會走偏，譬如道家，在魏晉時代就有所謂的新道家，新道家的代表人物竹林七賢，他們對於儒家的禮法和名教，就不太贊成。他們認為，遵守那種規矩，內心沒有真誠的情感，是虛偽的、騙人的。像其中的阮籍，他母親過世的時候，他就不願意像一般人一樣守孝，照樣吃肉，照樣喝酒。別人都說這種人實在是太不像話了，對母親太不孝順了。但是母親出殯的時候，阮籍一哭就吐血，這說明什麼？他內心還是非常的哀傷。但是為了反對儒家的這種禮樂教化，刻意反其道而行，這也不見得好。事實上，真正的外在的禮儀、法律是為了配合人的情感需要而設置的。所以你不要說我反對它或是我完全照外表來遵守它，一定要記得，所有外在的行為都以內心的情感作基礎，內心的情感跟外在的行為配合得恰到好處，才是儒家所說的「文質彬彬，然後君子」。所以我們學習儒家的思想，要以這種平常的心態來面對。

將心比心

子張提到很多問題，有時候只是就身邊的事情來請教。〈衛靈公篇〉記載：師冕見，及階，子曰：「階也。」及席，子曰：「席也。」皆坐，子告之曰：「某在斯，某在斯。」師冕出。子張問曰：「與師言之道與？」子曰：「然，固相師之道也。」

有一次，有一位音樂老師（古代很多音樂老師是盲者）來看孔子，孔子接待他的時候，就說這兒有臺階，有多少級，到了座位邊上，再請他坐下，坐下之後，孔子就說在左手邊、右手邊第一位是誰，一個一個介紹。結果盲者離開之後，子張請教說：「這是與盲者說話的方式嗎？」孔子說：「對的，這確實是與盲者說話的方式啊！」子張的用意在於要知道，這是不是接待一個盲者應該有的規矩呢？而孔子的回答說明三個字：同理心。我們正常人是有眼睛的，不知道盲人的痛苦，盲者有拐杖，雖然經過訓練，但是臺階有多少，他有把握嗎？所以如果你有同理心，你就會對他說，有幾個臺階，你的座位在哪，你的邊上有誰誰誰。盲人雖然看不見，但是他跟正常人一樣，全部都知道了。這樣大家談話的時候，他雖然看不見，但也知道誰坐在哪裡，誰在講話。

孔子的同理心表現得非常自然，完全不需要刻意去對誰好或者不好，這是儒家真誠的表現。而子張就這點小事情提出來請教，我們才能看得出子張的用心，這段資料看起來沒什麼，只是生活上的小事情，但事實上正好反映出儒家替別人設想的心，我們說「如心為恕」，「恕」就是將心比心。因此，我們跟任何人來往都要設想他的情況，千萬不能太過主觀。即使這些都是小問題、小地方、小事情，而子張可以記在心裡，可見他小小年紀，志氣不小。

提升品德，辨明疑惑

子張的用心還表現在別人想不到的地方。〈顏淵篇〉記載：子張問崇德辨惑。子曰：「主忠信，徙義，崇德也。愛之欲其生，惡之欲其死，既欲其生，又欲其死，是惑也。」「崇德、辨惑」，即提高我的品德，分辨什麼是迷惑。此處特別值得我們注意分辨迷惑。因為孔子是「四十而不惑」，但是很多人不懂什麼叫「四十而不惑」，我所認識的朋友，他們都說四十而大惑，為什麼？因為到四十歲的時候才發現，以前認為沒問題的都有問題了，人在四十歲以前反而很少迷惑，都是父母教你怎麼做，老師教你怎麼做，按照父母老師的話去做就沒有問題。進入社會之後，找到工作，老闆叫我怎麼做，哪裡有什麼迷惑的機會呢？但到四十的時候已經成家立業、有子有女，子女開始讀書了，這時怎麼辦呢？這時候就覺得人生的問題開始變得很難去理解。所以我們正好藉著子張來分辨迷惑。

孔子的回答很清楚，第一，提高品德。做任何事都要以忠信為主，看到該做的事，就跟著去做。盡己之謂忠，說話算話之謂信，我自己很真誠，認真負責來做事，對朋友說話算話，一言一行，都能配合。這是提高品德。第二，分辨迷惑。喜愛一個人，希望他活久一些；厭惡他時，又希望他早些死去；既要他生，又要他死，這樣就是迷惑。孔子說得很清楚，從這段話就知道孔子對於人類的情緒反應，實在是有透徹的理解和觀察，好像覺得孔子在寫言情小說，談的應該是一種比較激烈、狂熱的愛情。一般人交朋友，怎麼可能又要他活，又要他死呢？是愛情嗎？但是古人沒有談戀愛的機會，所以孔子這麼說，我們不應該只想到愛情。

孔子這麼教子張，是有他的道理的，因為子張是年輕人，子張比孔子小四十八歲。孔子已經垂垂老矣，老人家對後生晚輩講迷惑的問題，可以講得如此生動，說明他真的很了解人情世故，也知道年輕人的煩惱何在。

談到迷惑的問題，《論語》中有兩次孔子為學生解答迷惑，另外一次是樊遲。〈顏淵篇〉記載：樊遲從游於舞雩之下，曰：「敢問崇德，修慝，辨惑。」子曰：「善哉問！先事後得，非崇德與？攻其惡，無攻人之惡，非修慝與？一朝之忿，忘其身，以及其親，非惑與？」除了「修慝」之外，其餘兩個問題與子張問的一樣。孔子的回答也明顯不同。如何提升品德？孔子說，先去做困難的事情，然後再去想收穫的事情。就是說做任何事，不要先計較條件，要先認真把事做好再說，這樣品德就慢慢提高了。這比較容易。第二，如何減少怨恨呢？要批評自己的過錯，不要批評別人的過錯。就是說自我檢討，別人就不會怪你了。第三，怎麼樣辨別迷惑呢？孔子說，因為一時之間的憤怒而忘掉自身的安危，也忘掉父母的安危，那就是迷惑。這說明什麼？說明憤怒時要小心，憤怒的後果很可怕。像李安導演的電影《綠巨人》，男主角一生氣的時候馬上變綠了，身高、體重是原來的好幾倍，憤怒所帶來的力量有時是很可怕的。因此，孔子對樊遲這樣說，就是希望他凡事小心，不要一下子生氣，就忘掉自身的安危，甚至還有父母的安危。為什麼與父母有關？因為你生氣，傷害了別人，自己躲開了，別人報仇找不著你，自然找你的父母家人了。所以孔子提到迷惑的時候，我們知道關鍵何在，他就是希望我們的情緒要調節，前面對子張說愛恨的情緒不要太激烈，這裡對樊遲說憤怒的情緒也不要太狂熱，都是要設法讓情緒中和，也就是情緒智商。所以子張所提的問題非常特別，有時候直接針對個人的需要或者針對個人的情況，這對我們的啟發很大，當然對子張日後的立志也有很大的幫助。

力求通達

人生處處難得坦途，子張也一樣，因此他也向孔子請教這些問題。〈顏淵篇〉記載：子張問：「士何如斯可謂之達矣？」子曰：「何哉，爾所謂達者？」子張對曰：「在邦必聞，在家必聞。」子曰：「是聞也，非達也。夫達也者，質直而好義，察言而觀色，慮以下人。在邦必達，在家必達。夫聞也者，色取仁而行違，居之不疑。在邦必聞，在家必聞。」

怎麼樣才能夠通達呢？這不僅是子張的問題，也是我們現代人的問題。人生通達，前途自然通行無阻。在這裡，孔子並沒有立即回答子張，而是反問他。這是很高明的教學技巧。因為真正適合回答問題的，是提問題的人自己。子張回答說：「在諸侯之國任官，一定成名；在大夫之家任職，也一定成名。」孔子說：「這是成名，不是通達。通達的人，品性正直而愛好行義，認真聽人說話與看人神色，凡事都想以謙遜自處。這樣的人，在諸侯之國任官一定通達，在大夫之家任職也一定通達。至於成名的人，表面看來忠厚而實際行為是另一回事，他還自認為不錯而毫不疑惑。這種人在諸侯之國任官一定成名，在大夫之家任職也一定成名。」

可見，真正要通達，必須做到三件事：第一，「質直而好義」。本性要保持真誠而正直，該做的事，要趕快去做，這是第一點。第二，「察言而觀色」。一定要察言觀色，察言觀色不是壞事，如果不了解長輩或上司的臉色如何、語氣如何，你說話就會很麻煩。孔子一直強調說話的重要。他曾經說過，與長輩在一起要努力避免三個毛病：一、不到該你說話的時候就說，叫急躁；二、該你說話的時候不說，叫隱瞞；三、不看別人臉色就說，叫瞎子。察言觀色之後，你遇事才有可能走得通，大家才會歡迎你。這是第二點。第三，「慮以下人」。就是隨時都要考慮到謙卑待人，一個人謙虛，自然受別人歡迎。像在《易經》中有六十四卦，六十四卦只有一卦是六爻非吉則利，就是謙卦，可見謙虛的重要性。

孔子教子張做好這三點，才能夠通達。最怕的是表面上以為自己對，該做的又做不到，然後還以為自己不錯，那就麻煩了。人最怕自以為是，也就是驕傲。在天主教的傳統中，有七大死罪的觀念，驕傲就排在第一。人如果驕傲，就等於犯了死罪。為什麼人不能驕傲呢？因為人的本質有生有死，必須謙卑，你一驕傲，就會認為這一切都是你自己該得的，就是應該活下去。這是一種幻想，因為人的生命是沒有保障的，任何時候都可能有生命危險。在西方來說，一個人如果驕傲，就代表不符合他的身份，尤其是自以為是，認為自己是好人，你一旦認為自己是好人，就已經開始犯錯了。這在西方是一種很深刻的思想，確實有它的道理。我們常強調一個人要有自信，要有抱負，但是不能驕傲，驕傲的人往往以自我為中心，自我中心就看不起別人，就會過於凸顯自己的優點。

驕傲不僅在西方是很嚴重的罪過，對儒家而言也相同。譬如孔子最崇拜周公，但他說了一句話：「如有周公之才之美，使驕且吝，其餘不足觀也已。」（〈泰伯篇〉）孔子說：即使你有周公這麼好的才華，讓人讚賞的美德，如果你既驕傲又吝嗇，那麼所有的德行、所有的本事都不值得一提。為什麼？因為驕傲的人是與別人比，「我要勝過你」。

吝嗇的人，有好處不分給別人。一個人既驕傲又吝嗇，他的才華越高，那不是越可怕嗎？懂得和別人分享，願意跟別人分享，才能夠把自己的自我實現與整個社會的繁榮發展結合在一起。所以孔子崇拜周公所說的話，與西方講的驕傲之罪有類似的意義。

由此可見，人活在世界上，每一個人都有優點，你在這一方面傑出，他在另一方面傑出，各有優點，整個社會需要合作，截長補短，大家互相幫忙，最後能夠整體走向繁榮。子張由此得來的領悟，對他今後的志向可謂幫助甚大。

個性孤高

子張的人緣不太好，我們也不用諱言。只要打開《論語》的第十九篇〈子張篇〉，就有同學批評他。這樣的批評有兩段：其一，曾子曰：「堂堂乎張也，難與並為仁矣。」也就是說，子張的言行顯得高不可攀，很難與他一起走上人生正途。其二，子游曰：「吾友張也，為難能也，然而未仁。」也就是說，我的朋友子張的所作所為已經難能可貴了，不過還沒有抵達完美的境地。當然，子游這麼說，有與子張互相砥礪之意，而不是妄加批評。

在眾多學友中，子張與子夏的針鋒相對似乎記載得較多，除了我們先前說的子游說子夏只教學生灑掃、應對、進退之類的之外，還有這一次子張的說辭：子夏之門人問交於子張。子張曰：「子夏云何？」對曰：「子夏曰：『可者與之，其不可者拒之。』」子張曰：「異乎吾所聞：君子尊賢而容眾，嘉善而矜不能。我之大賢與，於人何所不容？我之不賢與，人將拒我，如之何其拒人也？」（〈子張篇〉）這段話是說，子夏的學生向子張請教交友之道。子張也學孔子，他反問子夏的學生：「子夏說了些什麼？」這位學生回答：「子夏說：『值得交往的，才與他交往；不值得交往的，就拒絕他。』」子夏的這種回答難免顯得狹隘，可見子夏的教書太過於拘謹，可以交的就交，不能交往的就不理他。子張說：「我所聽到的與此不同。君子尊敬才德卓越的人，也接納一般大眾；稱讚行善的人，也同情未能行善的人。我若是才德卓越，對什麼人不能接納？我若是才德不卓越，別人將會拒絕我，我又憑什麼去拒絕別人？」這個話當然會傳到子夏耳中，所以子夏對子張一定也是不太滿意：我的學生問你問題，你居然反過來批評我。所以子張人緣不是很好，孔子說「師也辟」（師即顓孫師，子張的原名），「辟」即「高傲、孤僻」，可見，子張年紀雖小，卻比較高傲。

執政大綱

子張的志向雖然高遠，但其目的還是在於從政做官，造福百姓。子張向孔子請教為政之道，在《論語》裡面類似的話題中，孔子從來沒有如此詳盡地回答過。〈堯曰篇〉載：子張問於孔子曰：「何如斯可以從政矣？」子曰：「尊五美，屏四惡，斯可以從政矣。」子張曰：「何謂五美？」子曰：「君子惠而不費，勞而不怨，欲而不貪，泰而不驕，威而不猛。」子張曰：「何謂惠而不費？」子曰：「因民之所利而利之，斯不亦惠而不費乎？擇可勞而勞之，又誰怨？欲仁而得仁，又焉貪？君子無眾寡，無小大，無敢慢，斯不亦泰而不驕乎？君子正其衣冠，尊其瞻視，儼然人望而畏之，斯不亦威而不猛乎？」子張曰：「何謂四惡？」子曰：「不教而殺謂之虐；不戒視成謂之暴；慢令致期謂之賊；猶之與人也，出納之吝謂之有司。」

要怎麼做才能把政務治理好？「尊五美，屏四惡」，即推崇五種美德，排除四種惡行。我們先說首先如何「尊五美」呢？第一，「惠而不費」，對老百姓很好，但是沒有什麼花費。也就是說，給老百姓恩惠，但是你不要浪費。那如何做到呢？順著老百姓喜歡的去做。第二，「勞而不怨」，讓老百姓去做事，但是他們不會抱怨。為什麼老百姓做事不會抱怨呢？因為選擇適合的事情讓他們來做，雖然很辛苦，但是不會抱怨。第三，「欲而不貪」，有欲望但是又不會貪得無厭。怎麼做呢？所欲望的是仁，就是做好事。做好事有兩個重點，一是以自我為中心，做好事是希望對自己有利，為自己著想，二是不為自己著想。也就是把自我中心的欲望提升為非自我中心的欲望。我們在年輕的時候，不太懂事，通常都是以自我為中心，總認為對我好的就是好的，對別人怎麼樣我不管，但是後來會慢慢地變成非自我為中心的欲望，就是希望國泰民安、社會和諧，這個欲望當然是好的，也正是有欲望但不貪心。第四，「泰而不驕」，非常莊重，但是不會欺負別人。從來不會因為人多欺負人少，也不會以權勢壓人。第五，「威而不猛」，做官的時候，本身要求非常的謹慎，做事有分寸，不讓別人覺得有壓力，讓自己保持莊重的樣子，別人自然就會尊重。這五種美德做到的話，從政不是問題，我們從中可以歸納出什麼？就是處處替百姓設想。譬如我當一個單位的主管，我就要替每一個人設想，我做任何事順著大家的願望、結合大家的想法去做，這樣自然而然就有共同的目標，大家也願意一起努力。

其次是「屏四惡」。哪四種惡行呢？第一，「不教而殺謂之虐」，如果沒有告訴百姓哪些不能做，百姓一觸犯就殺，這就是苛政。第二，「不戒視成謂之暴」，沒有先勸導，規定怎麼做，然後立刻要求成果。這就是暴政。第三，「慢令致期謂之賊」，下命令的時候，慢慢地下，但是一到時候就立刻要看成果。這是傷害天下人的心。第四，「猶之與人也，出納之吝謂之有司」，同樣是要給人的，出手卻吝惜，這稱作刁難別人。這就是四惡。

總之，能夠做到「尊五美，屏四惡」，就可以把政務做好。孔子回答學生問政治，從來沒有回答如此詳細的，而在回答子張的時候說得這麼完整，可見他對子張的期望值也是相當高的。

結論：共同上進

子張是孔子晚年時所收的弟子，由於有機會在孔子身邊，所以他一有機會就向老師請教。不過孔子還是經常提醒子張，讓他有所警惕，不要過於高傲。孔子曾說過「過猶不及」這四個字，「過」就是子張，「不及」就是子夏，子張言行過於激進，而子夏略顯保守。子張認為什麼事情自己都可以做到，他的理想目標很高，提問題也提得很好，孔子要仔細想想，才能回答他。而這些問題都可以提醒我們從小就要立定高遠的志向，努力上進。

對於子張，孔子曾說過八個字：「居之無倦，行之以忠。」也就是說，在職位上不要倦怠，執行職務態度要忠誠。這一句話也可作為我們立志的銘言，就像《易經》乾卦說的「天行健，君子以自強不息」和坤卦說的「地勢坤，君子以厚德載物」，每天都要一樣，有恒心始終如一做下去，我們的心智才可以不斷地成長，永遠沒有限制。

以上就是對子張的介紹，我們特別要向他學習立志，通過他向孔子請益，進而對我們的個人品性、人生規劃、生命的發展起到很好的啟發作用。我們也以此來互相勉勵，共同上進。

附錄 講座問答

提　問　傅老師，您好！我想問一下孔子最得意的學生是誰？

傅佩榮　孔子最得意的學生當然是顏淵，孔門弟子四科十哲，其中顏淵德行科第一。而且魯哀公問孔子，弟子這麼多，誰是最好學的？他說只有一個，顏淵最好學。所以從德行和好學兩方面綜合來看，顏回都是排第一。所以他是孔子最得意的學生，這一點沒有問題。

提　問　傅老師，我想問一下，您對子貢一生的評價是什麼？他一生中最優秀的是哪一方面？

傅佩榮　有關子貢，我真的是特別佩服他。是因為我看到孔子墳墓旁邊的「子貢廬墓處」，他對老師的敬愛之情可見一斑。而他並不是出於老師與學生情感的關係，是因為他確實了解孔子思想的精華。孔子說，看到一國的禮儀，就知道它的政治如何；聽到一國的音樂，就知道它的教化如何。子貢恰恰承繼了孔子對於禮樂的看法，並且曾經跟隨孔子刪詩書、訂禮樂、傳周易、作春秋。子貢讓我們羨慕的，當然是他口才好，非常聰明，而且靠著其聰明才智發了財，有錢的時候他就可以做好事，做他該做的事。這也是值得我們羨慕的地方。像這些我覺得是我們比較容易學到的。不像顏淵，我們這麼努力也很難學到，尤其是他不幸短命死了，這個我們不要學。子貢我們可以努力學習，而宰我可以作為反面教材，提醒我們要以他作為參考，避開他的缺點。孔子也這樣教我們：「見賢思齊，見不賢而內自省。」看到好的就要想效法他，向他看齊，看到不好的，就要問自己有沒有這種不好的缺點。所以我對子貢的評價是特別高。司馬遷也說過，讓孔子的名聲傳揚天下的，子貢的功勞最大。

提　問　傅教授，您好！我是山東大學的學生，有兩個問題想請教您一下，一是請您簡單地談一下儒家思想在現代社會中的作用。另一個就是作為學生，我們應該以什麼樣的方式來學習儒家比較好？

傅佩榮　好的。儒家思想在今天社會上的作用，目前國學熱的情況，我們要了解，它不是一個短暫的現象，它應該是我們中國社會特有的現象，就像文化有一種鄉愁，我常常用這個詞。它所思念的文化並不是在器物層次，也不是在制度層次，而是在理念層次。這三個層次代表文化的全部。有器物、有制度、有理念，所以今天我們學儒家。沒有人會喜歡坐孔子的馬車，你再好的馬車給我，我也不要坐。器物層次，過去就過去了，沒有人會羨慕。第二個叫制度層次，像古代封建社會，誰喜歡這樣的社會呢？只有少數貴族是世襲，一般老百姓苦得要命，拚命讀書也不見得有機會。所以我們今天學習儒家，絕不是喜歡它的器物和制度，那些已經過去了，永遠淘汰了，被超越了，我們要的是理念。什麼是理念呢？就是一個人活在世界上，他有什麼樣的想法？他有什麼樣的價值觀？他跟別人互動的時候重視情感還是重視財物呢？這叫做理念。像孔子的學生個個表現出來一種特殊的理念，如顏淵的快樂、子路的率真、宰予的辯論能力、子貢的口才、冉雍的德行、子游的胸襟等，每一個學生都有一種做人處事的特殊表現。他們後面所呈現出的理念是我們要學習的。所以我常常講人性向善，我只要真誠就有力量由內而發，我就做我認為該做的事，所以我的快樂也由內而發。為什麼學儒家會快樂呢？因為我做的事都是我要求我自己做的，如果我做的事是別人叫我做的，我做到了，別人高興。譬如說長官叫我做這個，我做到了，長官很滿意；父母叫我做，我做到了，父母滿意；現在是我自己叫我自己做，這是把被動變成主動，所以這個快樂是我由內而發的。不管外面的是貧窮還是富裕，你都感覺到生命的價值在內不在外。所以這是學儒家最主要的一個重點。

大學生如何學儒家？大學生學儒家，一定要深入到原典。作為大學生，最可貴的機會就是有大學的教授們，有好的圖書館，在這時你不把原典弄清楚，以後在社會上很難找到這麼多書來參考，也很少有機會向人請教，只能讀一些別人寫的心得。作為大學生，就要把原典設法好好讀清楚，利用四年的時間，把儒家、道家的最主要的幾本經典徹底了解。將來一輩子可以受用，因為大學生進入社會之後就是知識份子，知識份子在任何崗位上都可以給他的同事們帶來很多思想的材料。這是我一個簡單的回應。

提問　傅老師，您好！我有兩個小問題想請教您。第一就是您一定讀過錢穆先生的《論語新解》，也一定了解林語堂解讀的那種幽默的孔子，那麼在您的心目中，孔子究竟應該是一個怎樣的人呢？

第二就是我記得在《論語》裡有這麼一句話叫「敢為天下先」，我還記得《道德經》中同樣有老子說：「我有三寶，一曰慈，二曰儉，三曰不敢為天下先。」那麼我們作為學生，作為年輕人怎麼能夠在日常生活中處理好入世與出世的關係？從而一方面能夠完善自身，提高自我的修養；同時另一方面能夠處理好人際關係？

傅佩榮　好。很好的問題。你說對孔子簡單的介紹的話，如果你要問我，我會說孔子是一位樂天知命的人。那麼錢穆先生講孔子，他只是提到兩次，人性是向善的，但他沒有說明論證；我提人性向善有充分的資料反復地去說明。這是跟錢先生不太一樣的地方。那麼林語堂先生的幽默感，就是大家都記得他特別發揮「子見南子」那一段，他把它寫得很生動，其實有很多是他的想像。

當然基本上孔子這個人，他確實有幽默感，他也認為自己活得很踏實，一個人可以把自己的生命從這麼平凡的「吾少也賤，故多能鄙事」一路上來到最後可以把「五經六藝」全部精通，然後栽培弟子的時候吸引天下人才過來，從顏淵開始，七十二弟子精通六藝，那種成就感絕對超過當一個國家的領袖，所以我覺得孔子一生真的是非常快樂、充實，無論如何都不能用「喪家狗」三個字來描寫他，這是很清楚的。

至於年輕人學儒家，儒家在《論語》裡面並沒有說「敢為天下先」這樣的話，只是別人描寫孔子怎麼描寫呢？「知其不可而為之」這是有的。「不敢為天下先」則是道家的話。我倒寧可把孔子與莊子比較，因為《論語》裡有「知其不可而為之」，《莊子》裡面有「知其不可奈何而安之若命」。這兩句話對照起來比較鮮明，「知其不可而為之」就是明明知道自己的理想不能實現，還是要做。為什麼？因為是天命，上天要我做的，我身不由己。但是莊子不同，莊子說「知其不可奈何而安之若命」，我知道一件事情無可奈何，就安心地接受它作為我的命運，我就不要勉強了，不要跟命運抗爭。這是一種不同的觀念。

年輕的學生不要著急，要以儒家為主，在大學選修道家的課，聽聽就好，很難完全理解。因為道家一定需要某種智慧，就是跨越門檻的能力。道家是一個門檻，儒家是一個修行，沒有門檻，你只要願意，都可以修養自己。所以我們介紹儒家的思想，大家聽了都覺得會有一點心得，有一點收穫。道家不一樣，道家的門檻叫智慧，你跨不過去就在門檻外面，在門檻外面，你只能說一些表面的字句，根本不懂它在說什麼。一般來說，人在過了三十、四十以後，才能夠了解道家。我讀大學的時候，聽過《老子》的課，也聽《莊子》的課，根本就聽不懂。聽了之後笑一笑，照他那樣講，活在世界上有什麼意思都不知道了，對不對？譬如老子的「知者不言，言者不知」，知道的不說話，說話的不知道。那老師上課的時候，有沒有說話呢？有，所以老師不知道。那怎麼辨呢？所以對道家，同學們現在要把它當做一種知識來理解，不要去想太多。你想通了，反而不好，想通、看透了，你還願意讀書嗎？畢不畢業也沒什麼關係，將來就不就業也無所謂。道家影響就變成負面的影響了。這很可怕，道家思想絕不是負面的，但是你要花很多時間才講得清楚，它為什麼不是負面的，因為它的智慧是看到整體，而一般人只能活在暫時的情況，道家看到一生。所以你將來年紀大一點，才知道怎麼樣看到一生。儒家就是比較適合一般人，慢慢往前走。我對你的問題做這樣大概的說明。

提問

傅老師，您好！我感覺您所說的儒家有兩個核心，最主要的一個是仁，一個是禮，仁是一個真誠的情感。我想問一下，就是您說的真誠的情感在原典中有什麼依據？怎麼推論出來的？

第二個問題就是我也聽我們的老師講道家，講到內道外儒。但是我感覺您講的儒家是獨成一個體系的，由內而外，這都成體系了，我想問一下，儒道兩家的思想文化有一個傳承的過程，到底是儒家在先還是道家在先？它們兩個思想之間有沒有什麼聯繫呢？

傅佩榮

我先說第一點：如何提出來把仁當做真誠的情感？如果要講簡單的答案就是《論語．學而篇》：子曰：巧言令色鮮矣仁。這句話不要小看它，翻成白話就是：孔子說，說話美妙動聽，表情討好熱絡，這種人很少有仁。那我現在問你，什麼是仁？從說話從表情就知道，這是表達在外，表現在外的，是表面的熱情。這說明什麼？很少有仁。內在的仁才是真誠的情感。孔子說「鮮矣仁」，並不代表你沒有，而是很少。這代表什麼叫仁呢？當然是真誠的情感。我可以巧言令色，但是我有真誠的情感就沒有問題了，這是孔子的意思。如果問我什麼是仁，這只是第一步。真正的仁代表三個層次，我今天沒有辦法詳細說明，只簡單說一下，第一，人之性是向善的；第二，人之道是擇善固執；第三，人之成止於至善。仁義的「仁」，就包括向善、擇善、至善，把人之性、人之道、人之成完全統合。我就不特別發揮了，我只是說明這一點，真誠的情感只是一個層次，出發點而已。

第二個問題，內道外儒。一般來說，認為老子比孔子大了一世，即三十年。孔子問禮於老子，老子給他很多教訓，但是這兩派有什麼差別呢？我們這樣說，在春秋時代是一個亂世，亂世的危機用四個字來講，叫做虛無主義。虛無主義有兩種：第一種是價值上的虛無主義。什麼意思呢？善惡不分，做好事沒有好報，做壞事沒有惡報。那我為何要做好事呢？這叫價值上的虛無主義，很危險，因為這種觀點一出現，誰要做好人呢？

第二種更深刻，叫做存在上的虛無主義。什麼叫存在上的虛無主義呢？反正活得那麼苦，不如死了算了。死與活沒有什麼差別，最後都一樣。這叫存在上的虛無主義。孔子要面對的是什麼？第一種，價值上的虛無主義。因為儒家不忍心老百姓沒有善惡做根據，真是不知道人生該怎麼辦。所以他就設法提出，行善要從真誠開始，人性向善。所以你為善不是為別人，是為自己內在應該去行善，這就是儒家設法化解價值上的虛無主義，要努力行善避惡。

但道家認為儒家那一套來不及，事倍功半，也沒什麼效果。所以道家要對付的是存在上的虛無主義。我現在問你什麼是道？當你聽到這個問題的時候，你要如何回答？你要記得：第一，道不等於自然界；第二，道不等於人類。這兩句話掌握住，你就入門了。學道家如果沒有掌握這兩句話，那就不要談道家。接受這兩句話之後，後面再談。道不等於自然界、道不等於人類，道是什麼？道是自然界和人類的根源。道是絕對的真實，道是終極的真實。終極的真實就是要對付存在上的虛無主義。所以學了道家之後，就感覺到自己的生命雖然是剎那生滅，有生有死，但不要擔心，後面有道。要是沒有道，你憑什麼現在活著？這就是道家精彩的地方。

但是，很多教道家的老師我也不去批評，他們對道家怎麼理解，那是他們的問題。材料大家都會看，但我們看到什麼？我們看到的是儒家與道家面對同樣的時代問題，他們入手的地方不一樣，他們所要解決的問題也不一樣。一個是價值上，一個是存在上，都是要試圖化解虛無主義。這一套我再解釋的話就太過於哲學性了，所以我就點到為止，做一個簡單的說明。

（注：本講座內容出自山東衛視《新杏壇》欄目）

孔門十弟子

2020年11月二版　　定價：新臺幣320元
2021年11月二版二刷

著　　者	傅佩榮	
叢書主編	沙淑芬	
校　　對	林易澄	
封面設計	江宜蔚	

出版者	聯經出版事業股份有限公司	副總編輯	陳逸華
地址	新北市汐止區大同路一段369號1樓	總編輯	涂豐恩
叢書主編電話	(02)86925588轉5310	總經理	陳芝宇
台北新生門市	台北市新生南路三段94號	社長	羅國俊
電話	(02)23620308	發行人	林載爵
台中分公司	台中市北區崇德路一段198號		
暨門市電話	(04)22312023		
郵政劃撥帳戶第	0100559-3號		
郵撥電話	(02)23620308		
印刷者	世和印製企業有限公司		
總經銷	聯合發行股份有限公司		
發行所	新北市新店區寶橋路235巷6弄6號2F		
電話	(02)29178022		

行政院新聞局出版事業登記證局版臺業字第0130號

本書如有缺頁，破損，倒裝請寄回台北聯經書房更換。　ISBN 978-957-08-5638-5 (平裝)
聯經網址 http://www.linkingbooks.com.tw
電子信箱 e-mail:linking@udngroup.com

國家圖書館出版品預行編目資料

孔門十弟子/傅佩榮著．二版．新北市．
聯經．2020.11．264面．14.8×21公分
ISBN 978-957-08-5638-5（平裝）
[2021年11月二版二刷]

1.儒家

121.24　　109016101